당신의
가설이
세상을 바꾼다

당신의 가설이 세상을 바꾼다

불가능해 보이는 비전을
현실로 만드는
혁신적 사고법

사도시마 요헤이 지음 | 이혜정 옮김

21세기북스

세상은
앞으로 어떻게 바뀔까?

그건 아무도 모른다.
때문에 불안해지기도 한다.

하지만 나는
'세상이 어떻게 될까'를 걱정할 시간에
'세상을 어떻게 할까'를 생각하고 싶다.

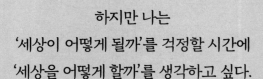

누군가가 생각하고 그려낸
'가설'이 세상을 만든다.
스마트폰, 인터넷, 컴퓨터,
자동차와 비행기, 로켓도 마찬가지.

당신의 몸 주변에 있는 것들은
대부분 단 한 사람의 '가설'에서 태어났다.
누군가가 '이렇게 되겠지.'
'이렇게 하면 모두가 행복해질 거야.'
하는 생각으로 대담하게 '그림'을 그려낼 때
세계가 만들어진다.

세상은 누군가가 생각하고 그려낸
'가설'로 이루어져 있다.
그리고, 그 '누군가'는 '당신'이기도 하다.
나에게는 엔터테인먼트를 더욱더 번창시킬,
세계를 더욱더 즐겁게 할 가설이 있다.

자, 당신의 **가설**은 무엇인가?

대항해 시대가 시작됐다

나는 출판사의 만화 잡지 편집부에서 재미있는 만화, 소설, 논픽션을 만드는 편집자로 10년 동안 일했다. 미타 노리후사의 『드래곤 사쿠라』(한국 드라마 〈공부의 신〉 원작 만화 – 옮긴이), 코야마 추야의 『우주형제』, 안노 모요코의 『워킹맨』, 이사카 코타로의 『모던타임스』, 히라노 게이치로의 『공백을 채우십시오』 등을 편집했다.

출판사에서 일할 때는 작품을 재미있게 만들어내는 데만 집중할 수 있었다. 앞서 일하던 사람들이, 작품을 발표하면 독자들이 재밌게 즐길 수 있는 잡지와 단행본이라는 형식의 토대를 구축해놓았기 때문이다.

그러나 언젠가부터 편집 기술은 점점 발전하는데도 생각만큼 대중의 반응을 이끌어내지 못하게 됐다. 문득 고개를 들어 보니 세상은 'IT'의 영향으로 크게 변해 있었다.

출판업계가 쌓아올린 '토대'는 휘청거렸고, 작품을 전달하는 매체가 달라졌다.

이런 상황을 돌파하고 새로운 엔터테인먼트 형태를 개발하기 위해 작가 에이전시 '코르크'를 세운 것이 2012년의 일이다. 나는 '코르크'를 통해 무엇을 하려고 했는가? 나는 어떤 '가설'을 세우고 있는가?

먼저 이런 이야기부터 시작해보겠다.

학창 시절, 나는 줄곧 고독했다. 그렇다고 해서 외톨이는 아니었다. 친구와 즐겁게 이야기를 나누거나 함께 여행을 가기도 했으니까.

그래도 고독감은 갈수록 깊어졌다. 나만 그런 것인지, 아니면 누구나 고독을 안고 있으면서도 태연한 듯 생활하는 것인지 알수 없었다.

그런데 편집자가 되고 나서 그런 고독감이 사라졌다. '무엇 때문일까?' 스스로에게 끊임없이 물어보던 중 최근에야 깨달았다. '나는 내가 정말로 좋아하는 책을 놓고 누군가와 깊이 있게 이야기를 나누고 싶었다'는 사실을. 편집자는 작가와 다양한 책에 관해서 깊은 이야기를 나눌 수 있다. 그리고 좋아하는 어떤 작품에 관해 서로의 생각을 나누면서 고독했던 나의 마음이 충족되었다.

고독을 해소하는 데 '좋아하는 것을 함께 이야기할 상대가 있다'는 것이 나에겐 중요했다. 작가와 만나 이런저런 감정을 공유하다 보니 자연스레 고독감이 사라졌으니까.

축구나 야구 경기를 관람한다고 생각해보자.

운동경기를 보는 재미는 경기 자체에도 있지만, 경기가 끝난 뒤 같이 본 사람들과 경기에 관해 이야기를 나누는 데도 있다. 보는 사람들 중에 '시합 그 자체'에만 가치를 두는 사람은 별로 없다. 함께 응원하거나 이야기를 나누면서 가치가 생겨나는 것이다.

아마추어 경기에 친구나 가족이 출전했다면, 기술은 서툴지만 보는 것만으로도 즐겁다. 프로 경기보다 더 재미있을 수도 있다. 그 까닭은 그 시합에 관해 이야깃거리가 많기 때문이다. 일본의 스포츠 산업이 서양과 견주어 커지지 않는 이유 중 하나는 '이야기를 나눌 장소가 부족'하기 때문이라고 나는 추측한다.

소설, 만화, 영화, 음악 등 엔터테인먼트 세계도 스포츠 관전과 마찬가지다. 흔히들 예술작품은 그 자체로 가치가 있다고 생각하지만, 실은 많은 사람들 입에 오르내리면서 화제가 되고 그 결과 가치가 생기는 것이다. 물론 알려지지 않은 작품 중에도 예술성이 뛰어난 작품이 있을 수 있다. 하지만 그 작품의 가치는 결국 사람들 사이에 회자되면서 인정받는다.

요즈음 출판 불황의 원인은 작품의 질이 떨어져서가 아니다. 책에 관해 이야기할 장소, 이야기하는 습관이 사라졌기 때문이다.

독일의 시인인 실러가 "우정은 기쁨을 두 배로 만들고, 슬픔은 반으로 줄인다"고 말했는데, 이 말은 영원한 진리다. 함께 대화를 나눌 동료가 있으면 재미는 두 배, 세 배로 커진다. IT는 물리적인 거리를 줄이고, 세상을 효율적으로 만들어왔다. 말하자면 '세계를 작게 만들고 있다'고 할 수 있다. 인터넷 없이 쇼핑하는 것은 더는 상상할 수 없게 되었다.

물리적인 거리를 줄이고 효율을 높여주는 IT서비스는 끊임없이 개발되고 있다. 반면 심리적인 거리를 줄여주는 서비스는 아직 거의 없다. 따라서 인터넷을 통해 무수한 정보를 공유하지만 마음은 채워지지 않는다.

시대가 변해도 작가는 계속 훌륭한 작품을 만들어낸다. 많은 사람들이 그 작품에 감동한 동료와 함께 이야기를 나누며 감정을 공유하면서 마음을 채운다. 하지만 작품에 관해 모여서 '이야기할 장소'는 점점 사라지고 있다. 작품은 다양화되는 추세인데 교실이나 직장에서 관심사가 같은 사람들을 찾아 이야기를 나누기가 어렵다.

'IT를 이용해 심리적인 거리를 줄이고 감정을 공유하는 서비스를 만들어낸다면, 취향이 비슷한 사람들이 모이는 커뮤니티가 만들어질 것이다. 그러면 작가는 내 작품을 읽어주는 사람이 아무도 없으면 어쩌나 하는 두려움에서 벗어나 작품에 전념할 수 있다.'

이것이 내 머릿속에 있는 '가설'이다.

지금은 매우 재미있는 시대다. 과거보다 더욱 미래를 예측할 수 없기 때문이다. IT가 본격적으로 보급되면서 콘텐츠 업계뿐만 아니라 온갖 비즈니스에도 지각변동이 일어나고 있다. 그야말로 대항해 시대가 시작되었다.

창업한 지 막 3년째.

도전은 여전히 시작 단계이지만, 나의 경험이 나처럼 미래에 도전하며 새로운 세계를 만드는 사람들에게 도움을 줄 수 있겠다는 생각에 이 책을 펴낸다. 이 책에는 내가 편집자로서, 또 경영자로서 생각해온 것들을 정리했다.

'IT를 이용해 심리적인 거리를 줄이고 감정을 공유하는 서비스를 만들어낸다면, 취향이 비슷한 사람들이 모이는 커뮤니티가 만들어질 것이다. 그러면 작가는 내 작품을 읽어주는 사람이 아무도 없으면 어쩌나 하는 두려움에서 벗어나 작품에 전념할 수 있다.'

contents

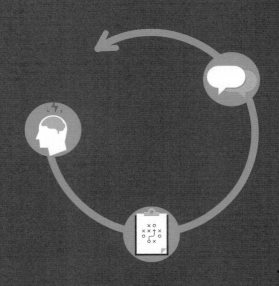

PART 1

우리의 가설이
세계를 만든다

혁명을 일으키기 위한 사고 접근법

'정보 → 가설 → 실행 → 검증'이 아니라 '가설 → 정보 → 가설의 재구축 → 실행 → 검증'이라는 순서로 사고하면 현재 상태에 새로운 바람을 불어넣을 수 있다.

'가설을 세운다'는 것의
진정한 의미

'무언가를 이루어내기 위해서는 가설과 검증이 중요하다'
는 말을 자주 듣는다. 하지만 일상에서 이를 습관처럼 실행하는
사람이 얼마나 될까. 출판 현장에서 가설·검증이 이루어지는 사
례를 본 적이 거의 없다.

작품의 판매량이 고전을 면치 못할 때도 '작가, 편집자, 영업자
모두 열심히 했는데 아쉽군. 자, 그럼 다음 작품을 더 열심히 해보
자'라고 생각하는 경우가 대부분이다. 베스트셀러는 늘 '예상치
못하게' 만들어진다고 생각한다.

베스트셀러를 예상하고서 만들 수는 없는 것일까?

나는 이 '가설→검증'이라는 과정을 매우 중요하게 생각해왔
다. 그것도 몇 년이 걸리는 장기 프로젝트부터, 오늘 당장 시작할
수 있는 작은 일까지. 모든 아이디어를 반드시 가설·검증이라는

틀에서 사고하려 노력했다. 내가 베스트셀러를 만드는 것이 가능했다면, 바로 이 과정을 거쳤기 때문일 것이다.

나는 '가설을 먼저 세운다'는 원칙을 늘 염두에 둔다. '가설을 먼저 세운다'니, 당연한 말 아니야? 하고 생각하겠지만 실제로는 그렇지 않다. 대부분의 경우, '정보를 먼저 보고' 그로부터 가설을 세운다. 나도 조금만 방심하면 그런 사고방식에 빠져들고 만다. 최근 반성한 일이 하나 있다.

세무사와 코르크 결산 미팅을 가졌을 때다. 처음에는 3명으로 시작해 한동안은 사람을 늘리지 않을 작정이었다. 그래야 더욱 도전적으로 움직일 수 있을 거라 판단했다. 하지만 다양한 일을 제안받으면서 3년이 지나갈 무렵에는 함께 일하는 사람들이 직원 10명에 외부 스태프와 아르바이트생까지 합쳐 30명 정도가 되어 있었다.

결산 수치를 보면서 다음 분기를 생각했다. 그러고는 '30명에게 임금을 지급하려면 다음 분기에도 최소 이 정도의 매출은 필요하겠다'든가, '이 일은 계속하지 않으면 위험하겠다'고 자연스럽게 결론을 내렸다. 그러다가 아차! 이런 방어적인 태도가 회사를 망가뜨리는구나, 통감했다. 겨우 3년 만에 '방어적'인 생각을 품게 된 것이다.

결산이라는 과거의 정보를 기초로 다음 분기를 예상해 가설을 세우면 이번 분기의 연장선에 있는 아이디어밖에 생각해내지 못한다. 코르크는 아직 그런 단계가 아니다. 시대에 걸맞은 출판의 새로운 형태를 모색하기 위해 여러 가지 일에 도전하는 단계인데, 그것을 불가능하게 하는 사고에 한순간 빠져들었다. 벤처가 '전례주의前例主義(과거의 경험을 토대로 행동하는 경향 – 옮긴이)' 기업으로 전락할 뻔한 것이다.

전례주의에서는 '정보→가설' 순서로 사업을 계획한다. 특히 업계가 불황일 때 리스크를 줄이기 위해 신중해지면서 과거의 정보를 모아놓고 '가설→검증'을 반복한다.

대부분의 사람들은 안건에 너무 진지하게 몰입하는 나머지 정보를 모은 후 가설을 세우지만, 거기에는 커다란 함정이 숨어 있다. 그렇게 하면 될 거라고 판단해 취한 전례주의 행동이 옴짝달싹 못하게 할뿐더러 스스로 목을 조이는 결과를 초래한다.

코르크의 부사장인 테라다 유마는 이직하기 전에 『도쿄 유토피아』라는 책을 출판했다. 이 책은 그가 해외에서 겪고 느낀 경험을 쓴 에세이로, 음식·어학·여행 등을 두루 다루고 있어 딱히 '이런 책입니다'라고 한마디로 표현하기 어렵지만, 읽어보면 재미있다.

하지만 여러 출판사에 기획을 가지고 간 그는 "재미있지만 우리 회사에선 못 내겠네요."라는 말을 들었다. '비슷한 책이 없어서'가 이유였다. 비슷한 책, 즉 같은 장르의 책이 있으면 얼마나 인쇄할지 알 수 있다. '음식 에세이라면 이 정도', '육아 에세이라면 이 정도' 이런 식으로 지금까지 나온 비슷한 책의 데이터로 판매를 예상할 수 있기 때문이다. 하지만 비슷한 책이 없으면 판단할 만한 근거가 없기 때문에 '출판하지 않는다'고 결정 내린다.

애당초 편집자란 무엇을 위해 존재하는 것일까? 비슷한 책의 매출 데이터를 보고 매출을 예상하는 일이라면 인공지능으로도 충분하다.

편집자는 '이 문장을 쓴 사람에게 재능이 있는가 없는가'를 '세상에 존재하지 않는 데이터'를 기초로 하여 자신의 감성에 의지해 결단을 내릴 특권이 있다.

그런데 편집자들 스스로 자신이 가진 특권을 포기해버린다. 그런 식으로 일한다면 편집자는 누가 해도 상관없는 직업이 되고 만다.

비단 편집자만이 아니다. 여러 직업의 사람들이 특권을 가지고 있다. TV 디렉터나 패션디자이너도 자신의 책임과 감성에 따라 '이게 좋다'고 생각한 것을 세상에 내보낼 수 있다. 그런데도 자신의 감성보다 비슷한 책이나 기존 데이터에 의지한다. 많은 사람이 중요한 결단을 내릴 때 되도록 많은 정보를 모아 거기에서 가설을 이끌어내야 한다고 생각한다. 하지만 그렇게 한다면 새로운 것은 무엇 하나 탄생할 수 없다.

그러면 어떻게 해야 할까?

정보를 무시하라는 말이 아니다. 가설을 세울 때에는 누구라도 얻을 수 있는 숫자 데이터가 아니라, '일상생활 속에서 어쩌다 모인 정보'와 '내 안에 있는 가치관'이 더 중요하다.

가설을 세우기 위해 일부러 모은 정보의 많은 부분은 '과거'의 것들이다. 거기에 의지하면 어느덧 전례주의에 완전히 빠져들고 만다. 전례주의에 빠지지 않기 위해서는 '먼저' 가설을 세우는 것이 중요하다. 그런 다음 그 가설을 보강·수정하기 위해 정보를 모은다. 이 순서가 중요하다.

'정보→가설→실행→검증'이 아니라 '가설→정보→가설의 재구축→실행→검증'이라는 순서로 사고하면 현재 상태에 새로운 바람을 불어넣을 수 있다.

나는 앞으로 일본의 출판업계에 에이전시가 생겨나는 것이 출판·콘텐츠 비즈니스를 활성화하는 데도, 작가에게도, 독자에게도 좋은 일이라는 가설을 세웠다. 이것은 '과거'의 숫자를 모아 만든 가설이 아니라 날마다 작가와 함께 지낸 경험을 기초로 생각해낸 가설이다. 그 가설을 확실히 하기 위해 여러 정보를 모았다. 그러다 보니 유럽과 미국의 작가는 에이전트를 두는 것이 일반적이라는 사실을 알 수 있었다. 일본처럼 출판사가 그 역할을 거의 담당하는 것은 세계의 추세와 맞지 않았다.

경영자 겸 작가인 호리에 다카후미 씨에게 "인터넷상에서 수많은 미디어가 생겨나니 편집자보다 작가가 더욱 많아질 것이다. 따라서 편집자가 작가에게 작품을 의뢰하러 가는 것이 아니라, 작가가 자기에게 맞는 편집자를 찾는 시대가 올 것이다."라는 이야기를 들었다. 이 말을 듣고 '앞으로는 에이전시가 편집자의 업무를 대체할 것'이라는 확신이 더욱 강해졌다. 창업 전에는 주변에 그 얘길 아무리 해도 믿지 않았다. 그래도 나는 작가 에이전시가 작가, 독자, 출판사 모두를 행복하게 해줄 것이라는 생각을 떨칠 수 없었다.

창업한 뒤로 거래처나 독자, 작가들에게서 여러 가지 피드백을 받았다. 이러한 정보들을 기초로 가설을 검증하며 산업으로 발전시킬 수 있는 길을 지금까지 계속 찾고 있다.

과거의 숫자를 모아봤자 새로운 것은 생겨나지 않는다.

하루하루의 경험 속에서 얻는 보이지 않는 데이터를 믿고, 자신이 옳다고 느끼는 가설을 세워라. 그러고 나서 그 가설을 실증하기 위해 온 힘을 쏟아 움직여라. 나아가 자신이 얻어낸 피드백을 기초로 가설을 보완하고 검증하라. 그것이 중요하다.

만화 『우주형제』를 1,600만 부
베스트셀러로 이끈 '가설'

만화를 만드는 데에도 '가설→정보→검증' 사고법은 유효하다. 일본에서 밀리언셀러가 된 만화 『우주형제』는 사실 발매 초기에는 판매실적이 그리 좋지 않았다. 이 작품을 어떻게 많은 사람들에게 전할 수 있었을까. 그 사례를 통해 '가설→정보→검증' 이야기를 이어나가도록 하겠다.

『우주형제』가 돌풍을 일으키기 훨씬 전의 이야기다.

그 무렵 독자 설문조사를 분석하면 남성 독자가 70퍼센트 정도를 점하고 있었다. 한편, 그즈음 잘 팔리는 만화의 독자는 공통적으로 여성이 70퍼센트를 차지했다. 예를 들어 『세인트 영멘』(예수와 부처가 인간세상에 휴가를 오며 생겨나는 일상의 에피소드를 담은 판타지 만화. 한국에도 출판되어 있다 – 옮긴이)은 8 대 2로 여성 독자의 비중이 훨씬 높았다. 보통 서점의 만화 코너에 정기적으로 들르는 것은 여성이다. 실제로 30~40대 남성은 만화 코너에 자주 들르지 않으며, 만화를 즐겨 구입하지도 않는다. 문제의 핵심이 여기에 있었다. 『우주형제』의 독자는 만화 코너에 별로 들르지 않는 남성이 70퍼센트를 차지하고 있다는 사실. 당시 '우주'를 주제로 한 만화는 크게 성공할 수 없다는 것이 만화 세계의 정설이었다. 여성에게 공감을 얻기 힘들다는 이유에서였다. 따라서 남성 팬은 늘릴 수 있을지언정 여성 팬을 늘리는 건 무리라고들 이야기했다. 실제로 '과거의 데이터'를 보면 우주 관련 만화는 남성 독자가 더 많았다. 하지만 나는 경험에서 얻은 '보이지 않는 데이터'를 근거로 이 작품이 남성만이 아니라 성별에 상관없이 널리 사랑받는 작품이 되기에 충분하다는 확신이 있었다.

거기에서 나는 '여성 독자가 늘어나면, 『우주형제』가 성공할 것이다'라는 가설을 세웠다. 그 가설에 따라 초기 프로모션은 '여성만을' 타깃으로 삼았다.

당시 3만~4만 부 정도의 판매를 올리고 있었으니 여성 독자가 1,000~2,000명만 늘어도 독자의 흐름이 바뀔 것이라 생각했고, 먼저 여성 독자 1,000명을 늘릴 수 있는 방법을 찾아보기로 했다. '어떻게 하면 여성에게 『우주형제』의 존재를 알릴까?' 여성은 무엇을 좋아할까? 평상시에 어떻게 행동할까? 어떤 장소에서 책을 손에 들게 될까? 어떤 영화를 볼지 어떻게 결정할까?…… 이런 식으로 끝없이 생각했다.

'여성이 자주 가면서 영향력이 있는 장소는 어디일까?'를 생각하다가 얻은 답이 바로 미용실이었다. 잘 알고 지내는 헤어 디자이너에게 미용실에 하루 몇 명 정도의 손님이 오는지 물어봤다. "우리 가게는 의자가 6개이고, 보통 하루 3회전 정도 하니까……

18명쯤 오겠네요"라는 대답을 들었다.

사람들은 대개 1~2개월에 한 번씩 머리를 손질하니, 그 정도 규모의 점포에 1,000~2,000명의 손님이 정기적으로 찾는다는 것을 계산해낼 수 있었다. 나아가 "손님과 어떤 이야기를 나누시나요?" 하고 물었더니 "추천할 만한 음악이나 영화나 책에 관해 자주 이야기하죠"라고 대답했다. '바로 이거다!' 하는 생각이 들었다.

예를 들어 페이스북이나 트위터에서 평소 센스가 있다고 생각하는 사람이 어떤 책이나 영화를 권하면 보고 싶어진다. 마찬가지로, 미용실 고객들 중 '나의 단골 미용실은 별 볼일 없어'라고 생각하는 사람은 없을 것이다. 내가 '센스 있는 사람'이라고 인정하는 헤어 디자이너가 "이 만화 재밌어요" 하고 추천해준다면 분명 읽고 싶을 것이라는 생각이 들었다.

이런 과정을 거쳐 '여성 독자 늘리기 프로모션은 미용실에서 출발하자'라고 나의 '가설'을 보강해 실행에 옮겼다.

새로운 것을 성공시키려면 '가설→검증'을 즐기자

그렇다면 현실적으로 미용실 몇 군데에 『우주형제』를 보낼 수 있을까? 20만 엔 정도의 예산으로 미용실 400개에 두 권씩 우편 발송할 수 있다는 계산이 나왔다. 거기에 "제가 5년에 걸쳐 키운 신인 작가가 그린 만화입니다. 가게의 여건상 점포에 비치하기가 어려울지도 모르겠습니다. 그렇다면 휴식시간에라도 꼭 한번 읽어주시기 바랍니다. 그러고 나서 혹시 마음에 남는 부분이 있었다면 손님들께도 이 만화를 소개해주시면 고맙겠습니다"라고 정성스레 편지를 써서 『우주형제』 1, 2권을 수도권에 있는 미용실에 보냈다.

3권을 출판한 후부터 반응이 나타나기 시작했다. 『우주형제』 설문조사 엽서에 "미용실에서 추천해주기에 읽어봤어요"라는 의견을 남기는 독자들이 여기저기서 나타났다. 실제로 엽서를 써 보내는 독자들은 그중 극히 일부일 테니 그들의 몇 배, 몇십 배나 되는 독자들이 헤어 디자이너에게 추천을 받고 『우주형제』를 알게 되었다는 뜻이다.

잘 팔리기 전에는 작품에 쓸 수 있는 홍보 비용이 20~30만엔 정도밖에 되지 않는다. 때문에 어떤 작품이든 하나같이 서점에 판촉물을 보내는 홍보 방식에서 벗어나지 못한다. 20만 엔이라는 숫자에만 얽매이면 그 밖의 아이디어를 떠올릴 수 없다. 그런데 나는 '손님 한 명이 책을 사도록 하기 위해 판촉 비용을 얼마까지 쓸 수 있을까'를 생각하기로 했다. 출판업계뿐만 아니라 모든 비즈니스에서 중요하게 생각해야 할 점은 '손님을 어떻게 붙잡을 것인가'다. 특히 장편만화는 한번 독자의 마음을 붙잡으면 그 뒤로 20권을 계속해서 팔 수 있다. 따라서 첫 번째 권에서 독자의 마음을 사로잡는 것이 무엇보다 중요하다.

한 명이 만화 20권을 구입한다면 약 12,000엔의 매출이 생긴다. 그렇다면 12,000엔을 지불해줄 손님 한 명을 얻기 위해서 500~1,000엔은 쓸 수 있지 않을까. 미용실에 책 두 권을 보내는데 그 정도의 비용이 든다. 그렇게 해서 1,000~2,000명의 손님 중 두세 명만 단행본을 사주어도 성공인 셈이다.

정보를 먼저 마련해두고 생각하기 시작하면 사고가 확장되기 어려우니 내가 하고 싶은 것을 정한 다음 그와 관련한 정보를 모으자. 그것이 나의 방식이다.

『우주형제』의 여성 독자를 늘리기 위해 다음으로 한 일은 설문 엽서를 보내온 사람 중에서 20~30대 여성으로 친구가 많고 감상을 써줄 것 같은 호의적인 사람들에게 포스터와 편지를 보내는 것이었다. 그렇게 독자를 한 명 한 명 늘려가는 노력을 거듭한 결과, 5~6권이 출간될 무렵에는 남녀 독자 비율이 5 대 5가 되었다. 그러는 사이 단행본의 전체 매출도 꾸준히 늘어났다.

미용실에 만화를 발송하는 일부터 시작한 프로모션이 어느 정도의 효과를 냈는지 정확히 알 수는 없다. 작품이 점점 재미있어진 덕분에 입소문을 타면서 아무것도 하지 않아도 판매가 자연스레 늘어났을지도 모르는 일이다.

이처럼 스스로 가설을 세우고 정보를 모으며, 가설을 보강해 실행하면, 일이 더욱 즐거워진다. 결과를 즐거운 마음으로 기대하게 된다. 또 즐겁기 때문에 더욱더 일이 하고 싶다. 새로운 일을 시작할 때 이런 식으로 즐기게 만드는 것 역시 성공으로 이끄는 중요한 요소다.

'정보가 틀렸다'고 생각하라

지금 있는 정보가 자신이 생각하는 가설과 다를 때, 나는 정보가 틀렸을 가능성을 생각한다. 알고 지내는 한 경영자는 자신이 말한 아이디어를 두고 주변 사람들이 모두 '그건 아니지' 하고 반대할 때야말로 '이 아이디어의 훌륭함을 눈치챈 사람은 세상에서 나 하나뿐!'이란 생각에 더 흥분하게 된다고 말한 적이 있다. 그 이야기를 듣고 나는 깊이 동감했다. 다른 경영자들 중에도 그렇게 생각한다고 말한 사람들이 몇 있었다.

찬성하는 사람이 바로 나올 법한 아이디어는 새로운 것이 아니다. 새로운 것을 시도하자고 각오했다면 그런 태도를 가져야 한다고 나는 늘 스스로에게 되새긴다.

『우주형제』의 작가 코야마 추야는 데뷔 후 몇 편의 작품을 『모닝』(일본의 대형 출판사인 고단샤가 발행하는 대표적인 만화 잡지 – 옮긴이)에 게재했다. 하지만 독자 설문에서는 눈에 띄는 평판을 얻지 못했다.

나는 신인작가를 육성할 때 '작가의 개성을 잡지에 맞추자'고는 전혀 생각하지 않는다. '어떻게 해야 작가가 자신의 개성을 최대한 발휘할 수 있을까'에 온 힘을 쏟는다. 작가란 독창성으로 승부하는 존재다. 그것을 기존에 만들어진 상자 안에 무리하게 집어넣으려 하면 작가의 독창성이 훼손된다. 그렇게 하면 일시적으로는 잘 팔릴지 몰라도 개성 없는 작가는 오래 활약할 수 없다.

오히려 개성이 강한 작가가 있다면, 세상을 그 작가에게 맞추도록 만들어야 한다. 때문에 코야마 씨에 관한 엽서 설문 결과가 나빴을 때에도 전혀 걱정하지 않았다. 나는 굉장히 재미있다고 느꼈으니 '나 같은 사람이 설문에 답하기 쉬운 구조'를 만든다면, 좋은 결과가 나올 수 있을 것이라고 생각했다.

나는 편집장에게 "요즘 같은 시대에 우편엽서로 설문조사를 하다니, 시대착오적인 발상 아닐까요? 20대나 30대의 목소리를 듣기에는 좋은 방법이라고 생각되지 않습니다. 모바일을 이용해 나는 신인작가를 육성할 때 '작가의 개성을 잡지에 맞추자'고는 전혀 생각하지 않는다. '어떻게 해야 작가가 자신의 개성을 최대한 발휘할 수 있을까'에 온 힘을 쏟는다. 작가란 독창성으로 승부하는 존재다. 그것을 기존에 만들어진 상자 안에 무리하게 집어넣으려 하면 작가의 독창성이 훼손된다. 그렇게 하면 일시적으로는 잘 팔릴지 몰라도 개성 없는 작가는 오래 활약할 수 없다.

설문조사를 해보죠" 하고 제안했다. 다행히도 그 제안이 받아들여져 모바일로 설문조사를 진행했다. 그러자 응답자의 평균연령이 엽서보다 5세 이상 젊어졌다. 게다가 엽서로 조사했을 때보다 코야마에 관한 평가도 상당히 좋아졌다. 젊은 독자들에게 지지를 얻고 있다는 얘기였다.

이러한 결과에 힘입어 코야마는 새로운 연재를 시작할 수 있었다. 그때에도 '젊은 독자들은 코야마 작가의 감성을 알아줄 것이다'라는 내가 세운 가설이 기초가 되었다. 그 가설을 증명하기 위해 모바일 설문조사라는 '정보'를 모았다. 눈앞에 보이는 엽서 설문조사의 나쁜 결과만 믿고 작가와 대책을 상의했다면, 『우주형제』라는 베스트셀러는 나오지 못했을 것이다.

어쨌든 숫자 데이터 같은 지금 가진 정보로 지레짐작해서는 안 된다. 지금 있는 숫자 데이터 같은 정보가 틀렸을 가능성도 고려해보자. 수집하는 방법에 따라서 그 데이터의 숫자가 바뀔 수 있다. 수치를 만들어내는 것 또한 인간이므로, 그 안에 남모를 의도가 숨어 있는 경우도 적지 않다.

과거의 숫자 데이터를 그대로 믿기보다 자기가 평소 일상생활을 하거나 일을 하면서 느꼈던 감각을 믿는 편이 중요하다.

'가설'이란
'정의'다

'가설을 세우자'고는 해도 지금까지 해본 적 없는 사람은 '가설이 뭐지?', '어떻게 세우는 거지?' 의문이 생길지도 모르겠다. 그래서 가설을 세운다는 의미를 다른 말로 바꿔보도록 하겠다. 바로 '정의定義를 내린다'는 말이다. 나는 '가설을 세운다'는 것과 '정의를 내리고 시도해본다'는 것을 같은 뜻으로 받아들인다.

직원들이나 지인과 이야기를 나눌 때 "항상 질문을 퍼부어대서 추궁당하는 기분이 든다"는 말을 들을 때가 있다. 확실히 나는 "왜 그런 건데?", "왜 그렇게 생각해?"라며 다그치듯 질문하는 일이 종종 있다. 사실 나 자신에게도 늘 하는 질문이다. 오히려 다른 사람에게는 스스로에게보다 10분의 1밖에 질문하지 않는데도 꽤나 압박을 느끼게 만드는 모양이다. 조금 자제하는 게 좋을지도 모르겠지만, 그 정도로 나는 '왜?'를 생각하는 버릇이 있다.

예를 들어 '팔린다는 것은 어떤 의미일까?'에 관해 생각해보자. 작품이 단순히 많이 팔린다는 것일까, 작가의 인지도가 올라간다는 뜻일까, 국내뿐만 아니라 해외에서도 좋은 평가를 받는다는 뜻일까, 몇 년이 지나도 살아남을 작품을 만들어냈다는 뜻일까……. 간단히 정의 내리기 어렵다.

또한 성공한 작품을 두고 '이 작품은 어떻게 해서 잘 팔리는 걸까?' 하고 생각해본다. 작품이 재미있어서? 매력적인 캐릭터 덕분에? 마케팅 전략이 기발한가?…… 끝없이 궁금증이 생겨난다. 이런 질문을 스스로에게도, 다른 사람에게도 해본 뒤 자기 나름의 답을 찾는 것이 중요하다.

무엇이든 '정의를 내리는' 연습을 꾸준히 하면 나만의 가설을 만들어낼 수 있다.

크든 작든 모든 일에 정의를 내리는 습관은 작품을 만드는 데에도 영향을 끼친다. 예를 들어 '좋은 작품이란 무엇일까?'라는 질문에 나는 나만의 답을 가지고 있다. 바로 '세상에 새로운 정의를 부여하는 것'이다. 다시 말해, '좋은 작품이란 새로운 정의를 만들어낼 수 있는 것', 이것이 내가 생각하는 좋은 작품에 대한 '정의'다.

예를 들어 수험 만화로 크게 성공한 『드래곤 사쿠라』를 만들 때에는 '교육을 다시 정의하자'고 생각했다. 이 만화가 연재를 시작했던 2003년 무렵에는 도쿄대학의 이미지가 지금과 상당히 달랐다. '수험공부밖에 모르는 공부벌레들이 많다'는 인식이 팽배했던 것이다. 때문에 도쿄대생 스스로도, "어떤 대학에 다니세요?" 하고 물어보면 "도쿄대입니다"라고 대답하기를 부끄러워하는 분위기였다.

크든 작든 모든 일에 정의를 내리는 습관은 작품을 만드는 데에도 영향을 끼친다. 예를 들어 '좋은 작품이란 무엇일까?'라는 질문에 나는 나만의 답을 가지고 있다. 바로 '세상에 새로운 정의를 부여하는 것'이다. 다시 말해, '좋은 작품이란 새로운 정의를 만들어 낼 수 있는 것', 이것이 내가 생각하는 좋은 작품에 대한 '정의'다.

하지만 『드래곤 사쿠라』가 성공을 거두면서 도쿄대에 간다는 의미나 수험공부를 한다는 것에 대한 인식이 크게 바뀌었다. 실제로 『드래곤 사쿠라』 이후 『도쿄대생이 가르쳐주는 ○○』 같은 책이 많이 출판됐다. 나는 『드래곤 사쿠라』를 계기로 '수험공부는 재미있지 않아도 할 만한 가치가 있으며, 정상에 있는 도쿄대를 목표로 하는 것은 좋은 일이다'라고 교육을 새롭게 정의하고자 했다. 이 정의를 생각하는 과정에서 '교육계도 이 정의를 인정한다면, 사람들은 『드래곤 사쿠라』를 신뢰하면서 읽지 않을까' 하는 가설이 태어났다.

거기서 서점의 만화 코너뿐만 아니라 학습 참고서 코너에도 『드래곤 사쿠라』를 비치하기 위해 서점을 돌아보는 프로모션을 생각해냈다. 당시 참고서 코너에 만화를 놓아두는 일은 전례가 없었다. 하지만 이 시도는 성공을 거두었고, 『드래곤 사쿠라』가 베스트셀러 반열에 오르는 데 한몫했다.

드라마로 제작되기도 한 안노 모요코의 『워킹맨』은 '일하는 것'의 의미를 새롭게 정의한 작품이다. 연재를 시작하기 전에는 죽자 살자 일만 하는 사람보다는 여가를 충분히 즐기면서 그럭저럭 일하는 사람이 멋있다는 견해가 대세였다. 그런 가치관에 맞서 '온 힘을 다해 몸을 사리지 않고 일하는 사람은 멋있다'라고 삶의 가치관을 새롭게 정의하는 것이 작품에 숨은 목표였다.

작품 속에 등장하는 여러 인물은 '일을 한다는 게 어떤 의미일까?'라며 계속해서 묻는다. 주인공인 마츠카타 히로코는 대형 출판사에서 일하는, 30세를 눈앞에 둔 여성이다. 학창 시절 친구들은 하나둘씩 결혼하며 아이들 낳고, 사는 게 행복해 보이는데, 자신은 주간지 편집부 최전선에서 철야를 밥 먹듯이 하며 죽도록 일만 하고 산다. '대체 나는 무엇을 위해 이렇게 죽자 살자 일만 할까?'라며 스스로에게 묻는다. 다음은 『워킹맨』 제1화의 마지막 부분에 나오는 장면이다.

젊은 편집자가 "나에겐 일밖에 없는 인생이었다, 그렇게 생각하며 죽고 싶진 않아요"라고 말하자, 주인공 히로코는 "난 아, 열심히 일했구나, 생각하며 죽고 싶은데"라고 대답한다.

나는 대화를 읽으면서 나도 히로코와 같은 생각을 하며 죽고 싶었다. 이렇게 작가와 가치관을 공유하면서 나는 창업을 향한 용기를 얻을 수 있었다.

『우주형제』에서 '새롭게 정의'하고 싶었던 것

『우주형제』에서는 '사람 사이의 유대감'을 새롭게 정의하고자 했다. 형제간의 유대감, 친구와의 유대감 등이 작가의 장점을 최대한 이끌어낼 수 있는 주제라고 판단했다. 또 한 가지, 유대감을 주제로 잡은 이유는 연재를 시작하기 전, 편집부에서 사무를 보고 있는 여직원이 한 말이 계기가 되었다.

그녀는 자니즈(일본 최대의 연예인 매니지먼트 회사로 스맙이나 아라시 등 유명 아이돌 스타들을 배출했다 – 옮긴이)를 매우 좋아해서 책상 위에 자신이 응원하는 자니즈 멤버들의 사진을 빽빽하게 진열해두었다. 잡담을 나누면서 그녀가 "자니즈 멤버인 ○○가 멋있다"고 했지만 나는 도무지 이해할 수 없었다. 또 다른 여직원도 자니즈를 좋아해서 둘은 만나면 자니즈 얘기로 시간 가는 줄 몰랐다.

언젠가 "대체 자니즈의 어떤 면이 그렇게 좋아요?" 하고 물어봤다. 정말 이해가 안 됐기 때문이다. 그녀들이 좋아하는 멤버들보다 멋있는 연예인도 얼마든지 있는데, 왜 그렇게 자니즈만 좋아할까.

그녀들은 "멤버들끼리 사이좋게 지내는 모습이 정말 좋아요"라고 대답했다. 결성한 지 10년이 넘도록 자니즈 소속 멤버들은 굉장히 사이가 좋아 그 모습을 보기만 해도 행복해진다는 것이다.

생각해보니 여성에게 인기 있는 BL(보이즈 러브)만화도 남성끼리 얽히는 것이 포인트다. 사람들은 강한 유대관계에 마음이

끌린다는 사실을 알게 되었다.

　누구나 학창 시절 친구나 일하면서 사귄 사람 등 여러 인간관계를 가지고 있다. 하지만 오랜 기간에 걸쳐 긴밀하고 서로를 신뢰하는 인간관계를 유지하기란 매우 어렵다. 때문에 자니즈 소속 인기 그룹들처럼 같은 동료들과 오랫동안 일하면서 서로의 사생활까지 알고 있을 정도로 긴밀한 관계를 유지하는 사람들을 보면 동경심과 좋아하는 마음이 생긴다. 오랜 기간 극단 활동을 해오는 사람들이나 해체하지 않고 계속 함께하는 아이돌을 좋아하는 사람들도 같은 마음일 것이다.

　여기에서 착안해 '진정한 우정'이나 '긴밀한 유대감'을 주제로 만화를 만들면 성공하지 않을까 하는 가설을 세웠다.

진정한 '출판=퍼블리시'란 무엇인가

　지금까지 이야기한 것처럼 나는 먼저 가설을 세우고 그것을 현실로 바꾸기 위해 온 힘을 쏟는다. 내가 경영하는 회사 코르크는 아직 자리를 잡아가는 중인데, 증명하지 못한 가설도 많이 있다. 하지만 반드시 실현시켜야겠다고 생각한다.

　현재 내가 증명하고자 하는 가설은 '작가가 생각한 것을 책으로 제작하는 것'뿐만 아니라 '작가의 머릿속을 출판(퍼블리시)'하는 쪽으로 출판의 형태를 바꾸는 것이다. '머릿속을 퍼블리시한다'는 것은 무슨 의미일까? 이런 생각은 인터넷 상거래 사이트 쿠라시컴에서 '북유럽, 생활 도구점'을 운영하고 있는 아오키 요헤이와 이야기하던 도중 떠올랐다. '퍼블리시'라는 말은 '책을 낸다(출판한다)'는 의미뿐 아니라 '널리 알린다'는 의미를 포함하고 있다. 아오키는 자신들이 하는 일이 단순한 EC사이트(전자상거래 사이트 – 옮긴이)가 아닌 폭넓은 의미로 '라이프 스타일 퍼블리시'라고 했다. 그렇다면 작가의 머릿속을 퍼블리시하는 방법이 책만은 아니라는 생각이 들었다.

작가는 '특별한 능력을 지닌 사람'이다. 인구의 1퍼센트도 아닌 0.1퍼센트나 0.01퍼센트 정도밖에 안 된다. 함께 일을 하면서 느낀 점은, 작가들은 이야기를 만들고 있는 게 아니다. 그들은 머릿속에 또 하나의 세계가 있어서, 그곳을 여행하고 있었다.

따라서 책이라는 형태로는 작가가 창조한 것을 10퍼센트 정도만 사용하고 있는 셈이다. 그것을 30퍼센트, 40퍼센트로 높여가는 것이 앞으로의 시대에 편집자가 해야 할 역할이다. 최근 몇 년 사이에 기술혁명이 일어나 다양한 것들을 좀 더 작은 단위로 정밀하게 만드는 것이 가능해졌다. 작가의 세계를 책뿐만 아니라 잡화나 의류 같은 제품에 반영하는 등 작가의 머릿속을 퍼블리시할 수 있는 토대가 만들어지고 있다.

작가와 그렇지 않은 사람은 '머릿속에 또 하나의 세계가 존재하는가 아닌가'로 구분할 수 있다. 작가가 스토리를 생각한다고들 하지만 함께 있다 보면 '생각한다'기보다는 '여행하고 관찰한 후 다큐멘터리를 제작한다'는 느낌을 받는다. 코야마 추야가 『우주형제』를 만들고 있는 동안은 진짜로 만화의 무대가 되는 2025년으로 이동해 주인공인 뭇타 옆에 있으면서 그 내용을 카메라에 담아 돌아오곤 했다. 그래서 이과 출신도 아니고, 공학적인 지식도 전혀 없는 작가에게 관련 학문 연구자가 "어떻게 해결책을 찾았습니까?" 하고 질문할 정도로 놀라운 아이디어를 작품에 그려낼 수 있었던 것이다.

작가가 스토리를 만들고 있는 중에는 전화를 해도 좀처럼 받지 않으며 무언가를 전달해도 대부분 잊어버리는 경우가 많다. 이렇게 특별한 능력을 가진 작가의 세계를 대중화할 책임이 편집자에게 있다고 생각한다.

가면 갈수록 세상이 더욱 '인터넷화'하는 것은 불가피한 사실이다. 내가 그런 세상을 바라는가 아닌가와는 관계없다. 그러므로 피할 수 없다면 거기에 맞는 대책을 강구해야 한다. 그럴 때 중심이 되는 말이 '전체적全體的'이라는 단어다. '전체적'이란 말이 중요한 개념이 되리라는 사실을 깨달은 것은 이토이 시게사토(일본의 에세이스트이자 탤런트, 작사가로 활동 중인 기업인 - 옮긴이)의 『인터넷적的』(일본 PHP연구소 출판)이라는 책을 읽으면서였다. 이 토이는 인터넷의 영향으로 어떤 변화가 일어날 것인가 하는 가설을 세우고 그것을 『호보일간 이토이신문』을 통해 실천하고 있다.

'인터넷적'인 세계에서는 모든 것이 가시화된다. 정보량이 너무 방대하다 보니 조작하거나 숨기기가 힘들다. 취할 수 있는 전략은 단 하나, 성실하고 솔직해지는 것이다. 현실세계에서는 무의식적으로 생각하고 있는 것을 상대에게 전달할 수 없지만 인터넷 세계에서는 가능하다.

작가가 생각하고 있는 것 말고도 작가 주변에서 관찰되는 사물이나 형상까지 인터넷 속에서는 중요하게 여겨진다. 한 작가가 독자들에게 얼마나 신뢰받고 있는지도 인터넷에서 가시화된다. '평가경제評價經濟'라는 말이 의미하듯 인터넷상의 평가가 현실세계에도 영향을 끼친다. 그 모든 것이 중요해지면서 '전체적'이라는 말이 생긴 것이다.

지금까지 작가는 '책'이라는 형태로 자신의 머릿속에 있는 것들을 표현해서 독자에게 전달했다. 책은 보통 1년에 1~2권 정도 출간하니 독자에게 어떤 것을 전할지 통제할 수 있다. 하지만 요즘은 추세가 바뀌고 있다. 압도적인 정보량 앞에서 '통제하기'를 포기하고 자신의 모든 것을 보여줄 수밖에 없다.

작가뿐만 아니라 기업도 마찬가지다. 인터넷상에서는 자기가 저지른 부정이나 성실하지 못한 태도가 바로 발각돼 규탄당한다. '전체적'인 세상에 걸맞게 신뢰를 쌓아두었다면 현실에서와 마찬가지로 한 번의 실수는 그걸로 무마될 수 있다. 하지만 하나를 통제하는 데 급급한 나머지 전체를 숨기면 사건과 전혀 관계없는 일들까지 시시콜콜 파헤쳐지고 만다.

'전체적'이라는 개념은 '지구상에 있는 모든 생산물이 서비스로 변하는 시대다'라고 바꿔 말할 수 있을 것이다.

호텔 서비스는 24시간, 365일 '전체적'으로 이루어진다. 때문에 만족스러운 서비스를 한 번으로 끝내는 것이 아니라 줄곧 질 높은 서비스를 제공해야만 한다. 따라서 종업원들의 의식이나 행동의 질을 근본적으로 높여야 하며, 좋은 호텔일수록 수준 높은 종업원의 질을 요구한다.

마찬가지로 작가에게도 책이라는 생산물 하나에 그치는 것이 아니라, 그를 둘러싼 모든 것을 성실하게 퍼블리시할 수 있는 환경이 요구된다. 다만, 작가는 작품을 창조해내는 일에 온 힘을 쏟고 있기 때문에 그 외의 것들에 신경 쓸 여력이 없다. 그러한 일들을 돕고 이끄는 것이 우리 코르크의 역할이다. 코르크는 작가의 홈페이지나 트위터, 페이스북, 인스타그램을 운용하면서 작가의 머릿속에 있는 것을 '전체적'으로 세계 속에 펼쳐나가려고 한다.

퍼블리시하는 것은 작품이나 작가의 정보만이 아니다. 작품의 세계에 나오는 다양한 것 역시 퍼블리시한다. 안노 모요코 작가의 경우, 작품 속에서 그린 상품을 '퍼블리시'하기도 한다. 예를 들어 『호색 신사 회고록鼻下長紳士回顧録』(20세기 초, 파리 유곽에서 벌어지는 창부들의 이야기를 다룬 최신작. 현재 일본에서 연재하고 있다 - 옮긴이)이라는 작품에 맞춰 속옷을 제작했으며, 『슈가슈가 룬』의 세계관에 맞춰 룸웨어를 만들었다. 현재 잡지 *AERA* 에 연재 중인 만화 「내 친구 오치비」(꼬마 오치비와 친구들의 일상을 그린 만화로, 한국에서는 레진코믹스 연재 중이다 - 옮긴이)의 세계관을 사실적으로 실현시킬 계획이다.

전통적인 정취가 남아 있는 가마쿠라(일본 가나가와현에 위치한 도시로 일본의 주요 정치·경제적 거점이 되기도 했다 - 옮긴이)의 낡은 민가를 여관으로 개조하여 묵을 수 있도록 만든 뒤, 만화 「내 친구 오치비」의 세계를 보여주는 인테리어를 할 수 있을 것이다. 소품들을 판매하는 것도 가능하다. 작가의 머릿속을 퍼블리시해, 테마파크 같은 장소를 만들 수도 있을 것이다.

지금은 작가의 창조물이 책이라는 한 가지 형태로 세계로 뻗어나가고 있다. '작가의 머릿속을 퍼블리시'할 때 세상에 전달할 수 있는 방법은, 작가에 따라 조금씩 달라진다.

작가에게도 책이라는 생산물 하나에 그치는 것이 아니라, 그를 둘러싼 모든 것을 성실하게 퍼블리시할 수 있는 환경이 요구된다. 다만, 작가는 작품을 창조해내는 일에 온 힘을 쏟고 있기 때문에 그 외의 것들에 신경 쓸 여력이 없다. 그러한 일들을 돕고 이끄는 것이 우리 코르크의 역할이다. 코르크는 작가의 홈페이지나 트위터, 페이스북, 인스타그램을 운용하면서 작가의 머릿속에 있는 것을 '전체적'으로 세계 속에 펼쳐나가려고 한다.

작품을 세계에 전파하는 '코르크'가 될 것이다

나는 회사의 이름을 왜 '코르크'라고 지었을까.

와인을 세계 각지로 옮겨 후세에 남기기까지는 반드시 좋은 코르크로 봉인해야 한다. 그것과 마찬가지로 작가의 좋은 작품을 후세에 남기고, 세계 곳곳으로 전파하려면 '코르크'라는 회사가 필요하다. 나는 코르크를 작가와 독자들이 와인병의 코르크처럼 중요한 역할을 한다고 인식하는 회사를 만들겠다고 결심했다.

또 하나, 결심한 것이 있다.

와인은 만든 사람과 만든 시기에 따라 가격이 달라진다. 병의 크기가 같다고 같은 가격에 팔리는 것이 아니다. 하지만 책은 크기나 쪽수로 가격이 결정되며, 누가 언제 만들었는지와는 상관이 없다. 소비자가 책을 구매할 때 기준으로 삼는 것은, 와인과 마찬가지로 '언제, 누가 만든 것인가'일 텐데 말이다.

작품도 '누가 언제 만들었는가를 기준으로 가격이 달라지는 편이 작가가 작품을 발표하기 쉬운 시장이 된다'는 것도 내가 코르크를 통해 증명하고 싶은 가설이다. 작가를 둘러싼 시장을 정돈하는 것이 코르크의 임무라고 생각하기 때문이다. 이번 장에서 마지막으로 이야기할 주제는 '훌륭한 작품을 세계에 전파하기 위해 무엇을 생각하고, 어떻게 움직였는가'이다.

'『우주형제』는 분명히 전 세계의 많은 사람이 읽어줄 것이다!'

그렇게 생각한 나는, 미국을 시작으로 세계시장을 나름대로 조사했다. 그 결과, '쿨 저팬Cool Japan(매력적인 일본 – 옮긴이)' 같은 말이 돌기는 했지만 세계에서 일본만화 시장은 있으나 마나 할 정도로 매우 작다는 사실을 확인할 수 있었다. 대부분의 지역에서 '망가'와 '아니메'는 거의 동의어로 인식되고 있었으며, 세계 각국의 사람들은, '아니메'는 TV로 보고 있지만 책인 '망가'는 전혀 읽고 있지 않았다. 따라서 일본의 '망가'를 널리 알리는 문제는 그리 녹록치 않을 것임을 예견할 수 있었다.

일본이 콘텐츠를 수출하는 방식은 기본적으로 '기다림'의 자세를 취하고 있다. 해외에서 오퍼가 들어오면, 교섭해 계약한다. 그저 그뿐이다. 상황은 상당히 절망적이지만 할 수 있는 일은 많다고 생각했다. 벤처기업에겐 자본과 시간이 없으므로 우선순위를 결정해야만 하지만, 어쨌든 움직일 수밖에 없었다.

코르크를 만들고 처음으로 한 일은 가장 기본적인 일이었다. 작가가 생산해낸 다양한 작품의 저작권 상태를 정리해 표로 만들었다. 영상화 작업은 어떻게 되어 있는지, 디지털이나 오디오북은 어떻게 되어 있는지, 해외 판권은 어느 나라에서 어떤 조건으로 계약됐는지 등을 모두 정리했다. 나아가 계약기간이 종료되어

권리가 비어 있는 작품도 있었기 때문에, 그 부분도 조사해 정리했다.

새로울 것도 없는 단순 작업이지만 작가와 작품별로 저작권 상태를 정리해 전략을 세우는 회사는 내가 알기로 일본에는 없었다. 물론 새로운 작품을 만들어 관리하는 일은 출판사가 하고 있다. 어쨌든 과거의 작품까지 포함하여 저작권 상태를 전체적으로 정리해 전략을 짜니 지금까지와는 전혀 다른 비전이 보이기 시작했다.

또한 해외 출판사의 번역문학 담당자 중에서 일본어를 잘하는 사람은 거의 없는 실정이었다. 그래서 상대편이 제출한 오퍼를 받아 번역을 허가하는 것에서 코르크에서 직접 번역한 원고를 들고 판매하러 다니는 것으로 전략을 바꾸었다. 이를 위해 각국의 우수한 번역가 리스트를 만든 뒤, 그 사람들과 관계를 구축해가기 시작했다.

가장 먼저 순조롭게 진행된 것이 소설가 이사카 코타로의 해외 판권 계약이었다.

이전까지는 작가의 책을 출판한 해당 출판사가 개별적으로 움직이며 해외와 계약하는 형태를 취했다. 출판사끼리는 경쟁 관계에 있기 때문에 정보를 공유하지 않는다. 따라서 한국이나 중국의 출판사들도, 일본에서처럼 성공한 작가로 만들고 싶지만 종합적인 전략을 세울 수 없어 고심하고 있었다.

이사카는 활동 초기에는 추리소설을 주로 썼지만 서서히 엔터테인먼트 소설로 방향을 틀었다. 그래서 일본에서는 미스터리 팬 이외의 독자들에게도 많이 읽히고 있었다. 하지만 한국에서는 줄곧 추리소설 코너에 놓여 있어 지명도가 오르기 힘든 상황이었다. 우리는 저작권이 종료된 책과 절판된 책을 포함해 다시 한 번 전체적으로 정리해 한국과 중국 출판사에 영업하기 시작했다. 각 출판사로부터 프로모션 안을 제출받아, 장기적인 전략을 공유할 수 있는 출판사들을 엄선했다. 여러 출판사에 판권을 허가하던 것을 몇 개 출판사로 줄였다. 그러고는 한 출판사에 여러 작품을 잇달아 출판할 수 있는 권리를 주는 한편, 광고비를 더 쓸 수 있게 했다. 그랬더니 경쟁 원리가 작동하기 시작했다.

해외에서 널리 읽히고 있는 일본의 작가를 들자면, 단연 무라카미 하루키다. 무라카미 하루키는 어떻게 성공할 수 있었을까?

무라카미 하루키가 해외 판권을 일본 출판사가 아닌 미국 에이전시에 맡긴 것이 커다란 요인이라고 추측하고 있다. 무라카미 하루키는 자신의 작품을 자비로 번역했고, 그것을 해외에 가져갔다고 한다. 나아가 시간을 들여 꾸준히 프로모션하면서 작품의 인지도를 서서히 끌어올렸다. 무라카미 하루키조차도 하루아침에 팔리기 시작한 것이 아니다. 20년 가까운 시간을 들여 지금의

위치에 올랐다.

　처음에는 미국의 여러 서점을 돌며 소규모 낭독회를 여는 등 다방면으로 노력했다고 한다. 세계적으로 베스트셀러 반열에 올라 있는 결과만을 놓고 보면, 무라카미 하루키의 작품이 그만큼 압도적으로 우수하니까,라고 생각하기 쉽다. 물론 훌륭한 작품임에는 틀림없지만, 그것에 더해 작품을 어떤 식으로 전 세계 독자들에게 알릴 것인가를 제대로 생각했던 것이다.

　코르크는 아직 해외 관련 매출이 전체의 15퍼센트에 지나지 않지만, 앞으로 '작가의 세계'를 퍼블리시하면서 60~70퍼센트에 이르는 회사로 만들 예정이다. 소설뿐 아니라 만화도 움직이고 있다. 코르크가 에이전트를 맡은 작품은 거의 모두 일본과 미국에서 동시 연재되며, 영어권 독자는 인터넷을 통해 일본에서 연재하는 동시에 실시간으로 읽을 수 있다. 나아가 중국에도 정기적으로 영업함으로써 커다란 안건을 성사시킬 수 있었다. 알리바바(중국 인터넷 전자상거래 포털 사이트 – 옮긴이)가 영상 사업에 뛰어들면서 원작으로 『드래곤 사쿠라』를 선정해, 40회짜리 드라마로 제작하기로 한 것이다. 한국에서 제작된 드라마 〈공부의 신〉도 큰 화제를 불러일으켰으므로, 중국에서도 사회현상으로 이어지는 데 목표를 두고 있다.

　또한, 아직 작품명을 밝힐 수는 없지만 코르크의 어떤 작품은 할리우드의 유명 크리에이터와 계약을 성사시켰고, 현재 미국에서 영화로 만들기 위해 각본을 제작하고 있다.

일본에서 성공한 작품만 해외로 가지고 나가는 것이 아니라, 모든 작품을 세계에 동시에 가져간다. 앞으로는 이런 방법으로 작품을 발표하는 시대가 될 것이라 예견한다. 코르크는 이러한 '대담한 가설'을 지금부터 현실로 만들어갈 것이다. 그러기 위해 날마다 발로 뛰고 있다.

나는 회사의 이름을 왜 '코르크'라고 지었을까.

와인을 세계 각지로 옮겨 후세에 남기기까지는 반드시 좋은 코르크로 봉인해야 한다. 그것과 마찬가지로 작가의 좋은 작품을 후세에 남기고, 세계 곳곳으로 전파하려면 '코르크'라는 회사가 필요하다. 나는 코르크를 작가와 독자들이 와인병의 코르크처럼 중요한 역할을 한다고 인식하는 회사를 만들겠다고 결심했다.

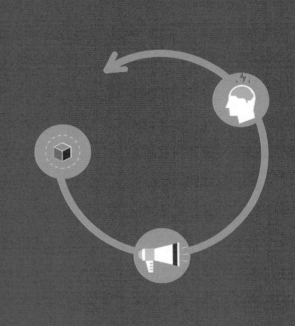

PART 2

'우주인의 시점'에서
생각한다

본질을 파악하고 상식을 부숴버리기 위한 사고법

대담한 가설을 세우기 위해서는 온갖 상식이나 지금까지의 관습에 얽매이지 않고, 자유롭게 사고하는 것이 중요하다. 나는 사물의 본질을 생각할 때 '우주인이라면 어떤 식으로 생각할까'라는 사고방식을 활용한다.

'우주인 시점'으로 봐야
본질이 보인다

대담한 가설을 세우기 위해서는 온갖 상식이나 지금까지의 관습에 얽매이지 않고, 자유롭게 사고하는 것이 중요하다. 나는 사물의 본질을 생각할 때 '우주인이라면 어떤 식으로 생각할까'라는 사고방식을 활용한다.

중학생 시절을 남아프리카공화국에서 보내서인지 고교생이 되어 일본에 돌아왔을 때, 일본의 관습 등을 상당히 객관적인 눈으로 보고 판단할 수 있었다. 그러한 감각을 키우기 위해 나는 의식적으로 극단적인 '우주인 시점'이라는 사고방식을 이용한다.

이 장에서는 가설을 세울 때 전제가 되는 '우주인 시점'에 관해 이야기하겠다.

'스텔스 마케팅'은 심심치 않게 문제가 되어왔다. 이른바 '스테마 문제'라고 불리는 것들이다. 연예인이 자신의 블로그에 '마음에 든다'고 소개한 상품이 실은 기업에게 돈을 받고 광고한 것이라는 사실이 알려져 문제가 되는 것이다. 사실이 발각되면 해당 연예인은 여론의 뭇매를 맞고 사죄한다.

한편 유명 축구선수가 TV에 나와 면도기를 광고하면서 "깔끔하게 잘린다!" 같은 말을 한다. 하지만 이 광고를 보고 "축구선수가 돈 받고 면도기를 칭찬하다니 너무하네"라고 말하는 사람은 아무도 없다. 최근에는 '광고상의 연출입니다' 같은 자막이 작게 표시되는 경우도 있지만, 축구선수가 TV에 나왔을 때 '광고라서 면도기를 칭찬하고 있습니다'라는 자막은 나오지 않는다.

블로그의 경우에는 커다란 혼란을 불러오는데 TV 광고는 문제가 없다. 만약 '우주인'이 본다면 이 두 경우의 차이를 이해할 수 있을까? 어느 쪽이든 똑같은 광고인데, 왜 한쪽만 비난받는 것일까.

스텔스 마케팅 문제는 '블로그는 솔직한 이야기만 하는 곳'이라는 믿음이 독자들에게 있기 때문에 생긴다. 독자들은 '솔직한 이야기만 쓰는 블로그에서 광고를 하다니!' 속았다는 생각이 들어 기분이 상하는 것이다. 하지만 매체에 관한 정보가 없는 우주인이 본다면 TV든 블로그든 다를 것이 없다. 이처럼 '우주인 시점'으로 사고하면 본질이 조금씩 보이면서 사회가 얼마나 '무심코 정해진 규칙'으로 돌아가는지 알 수 있다.

'블로그에는 솔직한 말만 써야 한다'는 명확한 규칙이 있는 것도 아니다. 하지만 스텔스 마케팅 문제를 본다면 사람들 사이에서 '암묵의 (또는 업계의) 규칙'이란 것이 형성되어 있어, 그 규칙을 깨는 것이 문제임을 알 수 있다.

'표면'에 속지 말고 '골격'을 보자

나는 독립한 뒤 여러 회사의 비즈니스 모델을 조사했는데, 그때도 되도록 '우주인 시점'으로 보려고 노력했다.

우주인에게는 브랜드나 이미지라는 고정관념이 없으며, 업종이라는 개념도 없다. 따라서 '순수한 비즈니스 모델=골격'을 떠올릴 수 있다.

예를 들어, 일반적으로 '출판사'는 '책이나 잡지를 만드는 회사'라고 알고 있다. 틀렸다는 얘기가 아니다. 그 역할이 출판사에서 가장 잘 할 수 있는 일일까? 출판사라는 이미지에 끌리지 말고 출판사가 '어떤 구조로 이루어져 있는가'에 주목해보자. 그러면 그 본질이 보이기 시작한다. 출판사만의 특징이나 강점은 어디에 있으며, 어떤 이익을 낼 수 있을까?

출판사의 강점은 '유통'에 있다.

출판업계에는 출판사 이외에 책을 판매하는 '서점'과 출판사와 서점을 중간에서 연결하는 '유통회사'가 존재한다. 이 출판 시스템을 통해 책이라는 물건이 전국 서점에 일제히 전달된다. 그런데 책이라는 물건을 이 시스템 위에 놓을 수 있는 것은 출판사밖에 없다.

책이나 잡지는 인쇄기와 컴퓨터만 있으면 누구나 만들 수 있는 시대가 왔다. 하지만 그것을 전국의 서점에 진열하는 것은 현재 출판사밖에 할 수 없다. 전국에 배본하고 점포에서 판매하는 시스템이기 때문에 잡지에 광고를 실어주고 수익을 얻는 일 등이 가능하다. 독자와 연결해주는 서점이라는 채널을 독점하고 있다는 점이 대형 출판사의 강점이다.

요즘 들어 그 채널이 약해지고 있으며, 그 결과 출판 불황이 생겨났다. 다시 말해, 출판 불황의 원인이 물건을 만드는 출판사의 능력에 커다란 변화가 발생한 데 있지 않다는 것이 나의 견해다.

따라서 출판사가 수익을 올리려면 콘텐츠의 질을 향상시키기에 앞서 전자책을 포함한 책들의 유통구조를 새롭게 구축해야 한다.

마찬가지로 신문사도 최강의 유통업자이며, 택배업자다. 약 1,000만 가구에 매일 아침저녁으로 종이다발을 전달할 수 있는

'최강의 배달망'을 보유하고 있다. 나아가 지역별로 대응할 수 있기 때문에 신문에 광고를 내거나 전단지를 끼우고 싶어하는 기업이 있다. 신문사의 강점은 기자의 우수함이나 저널리즘 정신이라고 생각하는 사람들이 많지만, 비즈니스 면에서 보는 강점은 그런 것들이 아니다.

상식이나 표면적인 것에 사로잡히지 않고 '완전히 새로운 머리'로 생각하기 위해, 나는 아무리 바빠도 한 해에 두 번 이상은 해외에 나간다. 코르크는 해외 비즈니스를 하고 있기 때문에 출장 갈 일이 많기도 하다. 어쨌든 해외에 나갈 때마다 상식을 의심하게 만드는 일을 목격한다. 다른 문화권에 몸을 두고 있으면 '우주인 스위치'가 켜지면서 내가 속한 사회를 한 발짝 물러서서 바라볼 수 있다.

잘되지 않은 원인을 냉정하게 분석하라

본질을 제대로 파악하지 못하고 원인을 잘못 분석하면 잘못된 대응을 하게 되어 상황을 더욱 악화시킨다. TV, 신문, 출판을 비롯한 모든 매스컴은 콘텐츠에 자부심이 지나친 나머지 외부

요인을 가볍게 보고 잘못 대응한다는 생각이 들 때가 많다.

인터넷 소프트웨어 프로그래머는 사용자가 스트레스를 받지 않고 서비스를 사용할 수 있도록 1초라도 더 빨리 작동하는 시스템을 개발하기 위해 연구에 연구를 거듭하고 있다. 미묘한 차이가 사용자 수에 얼마나 영향을 끼치는지 뼈저리게 실감하고 있기 때문이다.

후지TV의 시청률이 TV아사히나 TV도쿄에 뒤지는 이유는 무엇일까?

시청자가 고령화와 저령화로 양극화되면서 그 중간 세대인 젊은이들에게 타깃을 맞춘 후지TV의 방송이 인기가 없어졌다든가 방송이 재미없어져 그렇다는 의견이 많은데, 정확한 분석일까?

가장 큰 요인은 '지상파 디지털화 때문에 8번 채널이 경쟁력을 잃었기 때문'이다. 지상파 디지털화로 TV아사히는 10번에서 5번으로, TV도쿄는 12번에서 7번으로 채널을 변경했다. 하지만 후지 TV는 8번을 그대로 쓰고 있다.

방송 프로그램 전후로 노출되는 광고를 피하기 위해 채널을 돌리는 행위를 재핑Zapping이라고 한다. 재핑을 1번 채널인 NHK 종합방송부터 순서대로 한다면 어떤 일이 일어날까. 당연히 앞쪽에 있는 채널이 유리하다. 도중에 재미있어 보이는 방송이 나오면, 재핑을 멈추기 때문이다.

일반적으로 방송국을 의식해서 채널을 선택하는 사람은 매우 드물다. 채널을 선택하는 이유는 대부분 '무심결에'다. 그런 무심코 오는 기회 자체가 줄어든 것이 가장 큰 원인이라는 게 나의 가설이다. 재핑을 할 때 생겨난 소소한 차이가 인기 TV 방송국과 그렇지 않은 방송국을 나눌 정도로 커다란 영향을 끼치고 있다. 그런데 후지TV는 TV아사히보다 콘텐츠 질이 낮다고 결정짓고 대책을 모색하는 것처럼 보인다.

달리는 자세에는 무엇 하나 문제가 없는데 성적이 저조하다고 무리하게 자세를 고쳐 몸을 망가뜨리는 운동선수와도 같다. 초시계가 고장 났을지도 모르는데 말이다.

성적이 나쁜 원인으로 초시계가 고장 났을 가능성을 한 번도 생각하지 않고, 자세가 나쁘기 때문이라고 단정지으니 상황이 점점 더 악화되는 것일 수 있다.

이런 현상은 잡지업계에서도 벌어지고 있다. 잡지도 판매 부수가 심각한 수준으로 떨어지고 있는데, 20~30대 인구 동태만 보아도 그 원인을 알 수 있다. 타깃으로 삼고 있는 20~30대 독자층의 인구 자체가 감소하고 있기 때문이다.

잡지를 발행하는 데는 고정비용이 들어가므로 현재의 판매 부수로는 타산이 맞지 않는다. 그러다 보니 '내용이 나쁜 게 아닐까' 하고 이것저것 생각해 손을 쓰게 되고, 자연스레 인구가 많은 고령자들에게로 대상이 옮겨간다.

콘텐츠 업계를 돌아보면 이처럼 '구조 때문에 능력을 발휘하지 못하고 있을 뿐'인데, 그 원인을 재능에서 찾는 경우가 많다. 그렇기 때문에 더더욱 우주인 시점으로 냉정하게 생각하는 태도가 중요하다.

메이지유신* 때 '일반인'은 무슨 생각을 했을까

격동의 시대를 살고 있는 우리는 '시대의 커다란 흐름'을 제때 알아차려야 한다. 그러기 위해서 나는 '과거에도 비슷한 일이 없었을까' 상상한다.

과거의 대표적인 격동의 시대로는 메이지유신을 들 수 있다. 메이지유신이 오기 전에 일본을 이끈 막부 측 일원들은 어떤 기분이었을까? 분명 "와, 정말 좋은 조직에 몸담고 있구나!" 생각하지 않았을까. 그리고 이런 대화를 주고받지 않았을까 상상해 본다.

"아무래도 요즘 조정에 무슨 문제가 있는 모양이야."

* 19세기 미국에 의해 개국한 시기에 일본 메이지 왕이 막번체제를 무너뜨리고 왕정복고를 이룩한 변혁 과정 - 옮긴이.

"아무리 그래도 절대권력을 쥔 가문들은 끄떡없을걸."

"어떤 시대가 오든, 에도 막부는 절대로 문제없을 거야."

하지만 모두가 알고 있는 것처럼 메이지유신이라는 매우 큰 흐름, 또 개국이라는 엄청난 흐름 앞에서 '절대로 괜찮은' 조직 같은 건 존재하지 않았다. 그것을 눈치챈 사람들은 극히 일부였을 것이다.

한 사회에 속해 있으면, 그 안에서 일어나는 변화를 눈치채지 못하는 일이 종종 발생한다. 현재의 출판이나 콘텐츠 업계 상황도 마찬가지일지 모른다. 그 안에서는 눈치채지 못하는 변화가 매일 시시각각 일어나고 있다.

또한 메이지유신 하면 막부 말기의 굳건했던 선비들이나 정부의 동향 같은 '개혁적인 방향'이 떠오르게 마련이다. 하지만 나는 일반 사람들의 분위기는 어땠을까, 평범하게 생활했던 사람들은 어떤 기분이었을까 추측해본다.

내가 남아프리카에 살 때 대통령 선거에서 넬슨 만델라가 당선되었다. 역사에 길이 남을 혁명적인 날이었지만, 나는 평소와 다름없는 일상을 보내고 있었다. "오늘, 시대가 변한다!"고 의식적으로 생각하지 않으면 아무 일도 일어나지 않은 듯 평범한 일상이었다. 그렇다면 메이지유신이 왔을 때도 사람들 대부분이 '시대가 변한다'는 사실을 눈치채지 못하지 않았을까?

한 사회에 속해 있으면, 그 안에서 일어나는 변화를 눈치채지 못하는 일이 종종 발생한다. 현재의 출판이나 콘텐츠 업계 상황도 마찬가지일지 모른다. 그 안에서는 눈치채지 못하는 변화가 매일 시시각각 일어나고 있다.

과거의 역사적인 전환점을 되돌아보면, 시대의 변화를 인식하고 있었던 사람이 절반을 넘은 사례는 없었다. '시대를 바꾸고 싶다'고 생각하는 사람이 15퍼센트를 넘어서면, 눈사태가 일어나듯 세계가 변화한다. '티핑 포인트tipping point(작은 변화들이 어느 정도 기간을 두고 쌓여, 이제 작은 변화 하나만 더 일어나도 갑자기 큰 영향을 초래할 수 있는 상태가 된 단계 - 옮긴이)'를 넘어서면 변화가 걷잡을 수 없이 가속화된다.

지금이야말로 이 티핑 포인트를 넘어설 것인가 말 것인가 하는 분기점이다.

돈의 형태가 바뀌면 세상이 변화한다

우주인 시점으로 세상을 바라보면 여러 변화를 눈치챌 수 있다. 미타 노리후사의 『인베스터 Z』는, 일류 진학교(일류대학 진학을 핵심 목표로 하는 대입 전문 사립학교 - 옮긴이)인 도주쿠학원에 입학한 자이젠 타카시가 주식 투자에 도전하는 이야기를 그린 만화다. 만화에서 도주쿠학원은 탄광 개발 등으로 부를 축적한 대부호가 설립한 학교로, 학생들이나 학부모의 부담을 없애기 위해 수업료를 내지 않아도 된다고 알려져 있지만 실상은 각 학년에서 성적이 가장 우수한 학생들로 구성된 '투자부'가 비밀리에 그 자금을 벌고 있었다는 이야기다.

『인베스터 Z』를 마케팅하면서 '돈'과 관련하여 취재를 하던 중 흥미로운 사실을 알 수 있었다. 취재 전에는 막연히 세상이 변화하고, 필요에 따라 돈의 형태가 변화하는 것이라 생각하고 있었다. 하지만 현실은 정반대였다. 먼저 돈의 형태가 바뀌고, 거기에 자극을 받아 세상이 변화한다. 역사는 이 과정을 반복하며 발전하고 있었다.

인류 최초의 경제활동은 물물교환이다. 물물교환은 상대를 신뢰하지 않으면 불가능하다. 상대의 물건이 썩었거나 부서졌다면 자기가 손해를 보기 때문이다. 그 뒤로 곡물이나 조개 껍데기 등 보존할 수 있는 물건들을 교환하면서, 신뢰라는 담보가 없어도 어느 정도 물물교환이 가능하게 되었다. 이를테면 말이 통하지 않는 상대와도 물물교환이 가능해졌다. 경제활동을 할 수 있는 범위가 넓어진 것이다.

'화폐'가 발명되면서 문명이 발전하게 됐다. 화폐의 형태가 동전, 지폐, 주식으로 변화를 거치면서 문명은 점점 더 발전해갔다. 주목할 점은 경제활동의 범위가 넓어졌기 때문에 화폐가 발명된 것이 아니라 화폐가 생겨났기 때문에 경제활동의 범위가 넓어졌다는 것이다.

세상이 변화했기 때문에 돈의 형태가 바뀐 것이 아니라, 돈의 형태가 바뀌었기 때문에 세상이 변했다. 돈의 형태가 바뀔 때는 그에 맞춰 세계가 크게 변하는 때다.

그럼, 현대사회는 어떨까? '전자 머니'나 '비트코인' 등이 나오면서 '나라가 돈을 발행한다'는 원칙조차 변화를 꾀하고, 국경을 간단히 넘어설 수 있게 됐다. 돈이 필요 없는 거래도 늘어나고 있으며, '셰어링'도 늘어나고 있다.

돈이 바뀌고 있다. 그것은 시대가 변한다는 의미다.

'한가하니까 영화를 본다'는 시대는 지났다

변화하는 것은 돈의 형태만이 아니다. 최근에는 시간 감각도 크게 변화하고 있다. 그런 생각을 하게 된 계기는 일상생활에 각종 유용한 정보를 제공하는 웹사이트 nanapi 대표이사인 후루카와 켄스케의 〈켄스 일기〉를 보고서였다.

예를 들어 온종일, 할 일이 아무것도 없다면 어떨까? 예전에는 '오늘은 한가하니까 영화를 보러 가야겠다'고 생각했을 것이다. 하지만 최근에는 '한가하니까 영화를 보러 간다'는 생각은 그렇게 일반적이지 않다.

영화는 한가해서 가볍게 보러 가는 것이 아니라, 미리 계획을 세우고 시간을 내서 보러 가는 것이 되었기 때문이다. 2,000엔에 가까운 요금을 지불하고 두 시간 정도 극장에 계속 앉아 있는 일. 이제 영화는 시간을 때우기 위해서가 아니라 훌륭한 '이벤트'로서 기능하고 있다.

그렇다면 요즘 사람들은 한가할 때 무엇을 하고 있을까? 일상생활을 되돌아보면 알 수 있듯이, 스마트폰을 쓰고 있다. 보통 5~15분 동안 스마트폰을 본다고 치자. '한가'하다는 감각이 더 세분화되었음을 알 수 있다. 때문에 '시간 내서' 보러 가는 영화에는 '한가해서'라는 표현을 쓰지 않는다.

시간을 사용하는 방법을 바꿔버리는 기계도 점점 개발되고 있다. 예를 들어, 모든 TV방송을 자동으로 녹화해주는 파나소닉의 'DIGA(블루레이 디스크 리코더 – 옮긴이)'나 벤처기업이 개발한 '가라퐁TV(8개 방송국에서 24시간 동안 발송하는 모든 방송을 최대 4개월까지 자동으로 녹화해주며, 녹화한 영상은 스마트폰을 통해 언제든 검색해 시청할 수 있도록 하는 기계 – 옮긴이)' 등은 본방송을 놓쳐도 원하는 시간에 시청할 수 있도록 도와준다. 물론 방송을 녹화해서 시청하는 시스템은 이전에도 있었다. 하지만 '전자동 녹화기'가 등장함으로써 궁금했던 방송을 자신이 원할 때면 언제든 스마트폰으로 손쉽게 시청할 수 있다. 원칙적으로 '실시간'이었던 시청 형태가 변화하고 있다. '전자동 녹화기'가 더 널리 보급된다면 TV 방송도 인터넷에 올라 있는 수많은 동영상과 다를 바 없을 것이다.

그 밖에도 변화하고 있는 감각이 있다. 예를 들면 '귀찮다'는 감각이다. 영상 서비스 사이트를 이용한 후부터는 DVD를 사용하는 것조차 귀찮게 느껴진다. 마찬가지로 아이튠즈iTunes를 사용한 후부터 CD를 컴퓨터에 넣어 음악을 듣는 일조차 귀찮아졌을 것이다.

'귀찮다'고 생각하는 기준이 변화하고 있다.

일본에는 만화를 읽을 수 있는 애플리케이션 '만화박스'가 있다. 아이콘을 클릭하면 바로 배너가 등장하면서 그림으로 콘텐츠를 볼 수 있는 앱이다. 두 번만 터치하면 직감적으로 재미있어 보이는 만화를 바로 읽을 수 있다.

한편으로 아마존이 출시한 킨들 앱은 읽고 있는 책 이외의 것을 읽고 싶을 경우, 어디에 무엇이 있는지 알 수 없는 '라이브러리' 항목으로 돌아간 후 읽고자 하는 책을 찾아야만 한다. PC로 종이책을 구매하는 데는 누구도 따라올 수 없을 만큼 편리함을 추구하는 아마존도, 앱에서는 사용하면서 '귀찮다'고 느낄 만한 것들을 상당수 남겨두었다. 스마트폰 시대의 감각에 대응하고 있지 못한 것이다. 도중에 터치하는 횟수를 줄여 최대한 간편하게 콘텐츠를 볼 수 있어야 스마트폰 시대에 걸맞다. 페이스북이나 트위터는 바로 콘텐츠를 볼 수 있는 구조다.

돈의 형태나 시간 감각이 바뀌면서 귀찮음이라는 감각도 달라지고 있다. 좀처럼 변한 적 없던 감각이, 10년 정도 사이에 지각변동을 하는 시대다. 이로 인해 사람이나 사회는 어떻게 될까.

예측하는 것은 어려운 일이다. 하지만 변화를 직감하고 그 의미를 습관적으로 생각하는 태도가 살아가는 데 중요하다는 점 또한 분명한 사실이다.

시대나 국가가 달라도 변하지 않는 것

'무엇이 변하고 있는가'를 제대로 판단함과 동시에 '무엇이 변하지 않는가'를 파악해두는 것도 중요하다. 거기에 인간과 사회의 '본질'이 있기 때문이다.

어린 시절 남아프리카에서 생활할 때 '흑인들이 나와 겉모습은 다르지만 본질은 다를 바 없구나'라고 생각하게 된 중요한 계기가 있었다. 어느 날, 집에서 함께 사는 흑인 가정부가 딸을 생각하며 우는 모습을 보게 되었다. 만날 수 없는 딸이 그립다며 눈물을 흘리고 있었다.

매우 당연한 일이지만, 당시 나에겐 조금 충격이었다. 가정부로서의 인생을 받아들이고 있는 것처럼 보였던 그녀가 딸을 향한 애정이 이토록 컸다는 사실이 중학생인 나로서는 놀랄 만한 일이었다. 그와 동시에 부모가 자식을 생각하는 마음은 어느 나라 사람이든, 어떤 처지에 있든 모두 같다는 사실을 깨달았다. 이 일이 있은 이후 어느 나라 사람이든 '사람의 본성은 변하지 않는다'고 생각하게 되었다.

요리 역시 세계 어디를 가도 그렇게 크게 다르지 않다. 볶음 국수도 파스타도, 결국 '면'이라는 공통점을 지닌다. 지역에 따라 크게 차이가 없다. 이탈리아 요리도, 중화요리도, 스페인 요리도 '면'의 형태가 조금씩 다를 뿐이다. 이전에는 다른 나라 요리는 완전히 다를 거라 생각했는데, 나라별로 음식 재료들이 조금씩 다를 뿐, 조리법은 비슷하다. 볶거나, 튀기거나, 찌거나, 삶는다.

요리와 마찬가지로 인간의 감정도 그렇게 복잡하지 않으며, 사회도 그렇게 복잡하지 않다. 세부적으로 들어간다면 복잡해지겠지만 기본은 사실 단순명료하다.

나는 해외에 만화를 수출할 때 이른바 '현지화'가 절대적으로 필요한 것은 아니라고 생각한다. 해외라고 해서 현지 상황에 맞추는 일은 하지 않는다. 한국판『드래곤 사쿠라』처럼 현지 사람들이 자신의 정서에 맞추어 각색해 방송한 경우도 있지만, 우리 쪽에서 부탁한 것은 아니다. 현지화 작업은 저작권자가 작품의 의미를 제대로 전달하지 못할까 봐 하는 것이 아니라 현지 사람들이 작품을 널리 알리기 위해 하는 작업이다.

세계 어느 곳을 가도 인간은 과거로부터 이어져 있고, 본연의 특성은 대체로 비슷하다. 에도 시대이건 헤이안 시대이건, 석기 시대이건 시대의 차이가 있을 뿐, 시대에 따라 인간이 다른 건 아니다.

따라서 시대의 공기를 읽으며 만화를 만드는 것이 아니다. 종종 "베스트셀러를 만들어내기 위해, 어떻게 시대의 공기를 읽고 있나요?" 같은 질문을 받지만 나는 만화를 만들 때 일부러 시대를 의식하지 않는다. 왜냐하면 '인간은 시대나 나라가 바뀌더라도 기본적으로 변하지 않는다'고 생각하기 때문이다. 일본인의 마음을 움직이는 작품은 미국인에게도, 중국인에게도, 인도네시아인에게도 통한다. 아주 옛날 작품이라도 훌륭한 작품이라면 현대인의 마음을 움직인다.

전혀 다른 세계의 이야기 『겐지모노가타리』와 『로미오와 줄리엣』은 작가의 세세한 유머나 그 세계만의 견고한 사상을 완전히 이해하지 않고도 현대 작품과 마찬가지로 즐길 수 있다는 점이 강력한 증거다.

인간의 본성을 다룰 때 강한 콘텐츠가 만들어지며 잘 팔리게 되어 있다. 나는 그런 신념으로 작품을 만들고 있다.

'기술'은 변해도
'사람'은 변하지 않는다

코르크는 앞으로 출판의 존재 형태, 다시 말해 사람들의 독서습관이나 콘텐츠를 대하는 습관까지 변화시키는 일에 도전할 생각이다. 같은 문제의식으로 도전해가는 사람과 만나는 경우는 거의 없다.

이런 질문을 받을 때가 있다. 결과가 어떻게 나올지 확실하지 않은 일에 힘을 쏟기가 불안하지 않은가? 아무도 가지 않은 길을 걷는 것이 무섭지 않은가?

나뿐만 아니라 상당히 많은 IT기업이 전인미답前人未踏의 길을 걷고 있다. 구글이나 페이스북, 아마존, 애플도 마찬가지다. 하지만 그들 역시 인간이다. 나와 별다른 차이가 없을 것이다. 아무도 가지 않은 길을 걷는 사람들이 이렇게나 많다는 것은, 아무도 가지 않은 길이 더는 그다지 위험한 시대가 아니라는 뜻이다.

'인간은 어떤 때에 어떻게 느끼며, 어떤 식으로 행동할까'에 관해 곰곰이 생각하고, 소비자가 즐거워할 만한 서비스를 제공하는 기업은 반드시 살아남는다. 편집자 시절 '이 캐릭터는 어떻게 생각할까?'라는 주제를 놓고 작가와 줄곧 이야기를 나누어왔는데, 내가 지금 하고 있는 일이 그것과 큰 차이가 없다.

지금 시대를 이해하기 위해 자동차와 마차의 입장이 어떻게 바뀌었을지를 상상해보자.

자동차가 세상에 처음 나왔을 때 자동차 관련 산업에 종사하던 사람들은 모두 전인미답의 길을 걷는 사람들이었다. 하지만 분명한 것은 편리한 탈것이 있으면, 대부분의 사람들이 그걸 이용하리라는 사실이었다. 빨리, 편히 이동하고 싶다는 인간의 근본적인 욕구가 변하지 않는다면, 탈것이 마차에서 자동차로 옮겨가는 것은 '필연'이었다. 마차업계에 종사하는 사람이 많다든가, 마차에 애착을 갖는 사람이 많다 해도 더욱 근본적인 욕구를 막을 수는 없었던 것이다.

'어느 쪽을 향한 욕구가 더욱 본질적인가'를 파악하면 어느 쪽이 살아남을지 알 수 있다. 아주 조금씩이라도 자동차를 이용하는 사람이 늘어난다면 앞으로 시장은 점점 커지게 마련이다. 마차 관련 직종에 계속해서 종사하는 것은 지금의 습관이 계속될 것이라는 생각에서 벗어나지 못했기 때문이다. 내일 성공할 확률만을 본다면 마차가 자동차보다 클지 모르겠지만 5년, 10년 후를 생각하면 그렇지 않다. 하지만, 많은 사람들이 '내일 성공할 것 같은 쪽'을 선택한다. 나는 내일은 실패할지 모르지만 10년 후에 성공할 수 있는 길을 찾는 일을 할 때 더 즐겁다.

지금 하는 일을 계속하는 편이 오히려 리스크가 크다. 앞으로 어떤 리스크가 도사리고 있을지 모르기 때문에 두려운 것이다. 많은 사람들이 나의 행동을 보고 무섭지 않을까 생각하는 모양이지만 나는 IT를 활용하지 않은 채로 비즈니스를 하는 것이 마차에 얽매이는 것과 똑같은 일로 느껴진다.

나의 행동원리 역시 공포로부터 나오는 것이므로 나는 100퍼센트 알 수 있는 것들만 하려고 한다. 원하는 작품을 찾기 위해 음반가게나 서점을 돌아다니는 것이 아니라 SNS를 뒤적이는 것은 아주 당연한 변화다. 그 변화에 대응하는 방법은 아직 모르지만 변화한다는 사실만큼은 분명하다. 때문에 나의 행동은 100퍼센트 알 수 있는 사실에 걸고 있는 것뿐이다. 내가 세상을 보는 방법은 간단하다.

먼저 변하지 않는 것(본질)을 발견할 것, 그리고 매일 발생하는 변화 속에서 무엇이 근본적인 변화이고, 무엇이 문화나 관습의 일시적인 변화인지를 '우주인 시점'으로 발견해내는 것이다. 그러고는 장기적인 변화가 무엇일지 예측하고 가설을 세운다.

지금 존재하는 모든 습관은 기술이 변해가는 가운데 '과도적'인 것일 뿐, '절대적'인 것이 아니다. 이 사실을 잊어서는 안 된다.

내가 세상을 보는 방법은 간단하다.
먼저 변하지 않는 것(본질)을 발견할 것, 그리고 매일 발생하는 변화 속에서 무엇이 근본적인 변화이고, 무엇이 문화나 관습의 일시적인 변화인지를 '우주인 시점'으로 발견해내는 것이다. 그러고는 장기적인 변화가 무엇일지 예측하고 가설을 세운다.

왜 지금이
'스토리의 시대'인가

'물건이 팔리지 않는다'는 말이 나오기 시작하고 얼마나 지났을까?

이렇게 물건이 팔리지 않는 시대일수록 작가, 곧 스토리의 힘이 활약할 수 있다. 그 이유가 무엇인지 이야기해보겠다.

과거부터 현재까지의 흐름을 살펴보면, 모든 것은 과도기 상태라고 딱 잘라 말한 이유를 알 수 있을 것이다. '사람은 무엇을 추구하는가'도 그 흐름 속에서 예측 가능하다.

전쟁 후 시대부터 생각해보자. 전쟁 후에는 물건이 절대적으로 부족해, 그때 물건을 바로 공급할 수 있는 기업이 활약했다. 물건을 구비하기가 어려웠으니, 팔 물건이 있다는 것만으로도 굉장한 능력이었기 때문이다. 말하자면 '물건의 시대'라고 할 수 있다.

얼마 지나지 않아 기업의 우위성은 질 높은 물건을 생산할 수 있는 기업으로 넘어갔다. 도요타나 혼다, 소니, 파나소닉 같은 지금의 일본을 대표하는 기업이 활약하는 시대, 바로 '물건과 질의 시대'다.

그다음에 '디자인의 시대'가 찾아왔다. 디자인이 필요한 물건은 물론이고, 그 외 다양한 업계에 디자인이 스며들었다. 이러한 현상을 상징하는 인물이 사토 카시와다. 그는 유니클로, 세븐일

레븐, 라쿠텐, 야마하 등 디자인과 관계없을 것 같은 기업들에까지 디자인을 침투시켰다. '물건과 질과 디자인의 시대'다.

그다음은 어떻게 되었을까. 사람은 금방 현재 상황에 질려 만족하지 못한다. 질도 디자인도 좋은 물건이 넘쳐나기 시작하면서, 그것만으로는 차별화가 불가능해졌다. 그래서 2000년대에는 '저렴하다'는 특장점이 추가되었다. 유니클로는 '물건과 질과 디자인과 저렴함'을 겸비한, 시대가 요구하는 것을 만족시킨 상징적인 기업일 것이다.

그렇다면 2010년대는 어떠할까. 먹을거리뿐 아니라 거의 모든 물건이 포화상태다. 게다가 저렴하기까지 하다. 물건이 풍족하면 행복할 것이라는 환상이 깨졌다. 그러자 사람들이 추구하는 것이 실은 '마음을 채우는 것'이라는 사실을 눈치채기 시작한다.

그렇다면 물욕이 줄어드는 시대에, 어떻게 하면 마음을 채울 수 있을까?

바로 '공감'이다. 물건의 배경에 있는 스토리에 공감하면 물건도 갖고 싶어지는 시대가 된 것이다. 따라서 앞으로는 디자이너가 다양한 산업에 들어온 것처럼 작가와 편집자의 능력이 점점 필요해질 것이라 예상한다.

사회현상이 프랙털(부분과 전체가 비슷한 형체로 끝없이 되풀이되는 구조-옮긴이) 구조를 띠게 됨에 따라 한 부분을 보고 전체 구조를 확인할 수 있다. 만약 확인할 수 없으면, 가설에 구멍이 있다는 뜻이다.

'물'을 생각해보자.

처음에 물은 상품으로 여겨지지 않았다. 그 결과 '물을 상품으로 만든다'는 가설을 세워 실현한 기업이 이겼다.

다음으로, 질을 추구하게 되었다. '남알프스의 천연수'나 '맛있는 육각수' 등 질을 보증할 만한 단어들이 상품명에 등장했다. 물에 '물건과 질의 시대'가 찾아온 것이다.

그다음으로는 '디자인 시대'다. 초경량 페트병을 개발해 플라스틱 사용량을 획기적으로 줄인 '이·로·하·스'라는 상품이 불티나게 팔렸다. '이·로·하·스'에 디자인과 함께 '스토리'를 넣기 시작했다. '친환경'이라는 정보가 부가된 것이다.

나아가 '볼빅Volvic'이라는 물의 광고에서는 언뜻 보면 소비자와 관계없을 것 같은 '외부 세계의 스토리'로 소비자에게 호소하기 시작했다. 볼빅을 1리터 구매할 때마다 아프리카에 청결한 물이 10리터씩 생겨난다는 이야기다. 이처럼 '물'이라는 사례에서 확인할 수 있듯, '스토리를 판매하는 시대'가 되었다.

또 하나, 코르크가 목표로 하는 이상과 가까운 형태를 실현하고 있는 이토이 시게사토의 『호보일간 이토이신문』을 소개하겠다.『호보일간 이토이신문』에서는 '왜 이 상품을 만들어야 했을까?', '어떤 사람이 만들고 있을까?', '어떤 생각으로 만들고 있을까?' 하는 것들을 재미있는 기사로 만들어 며칠에 걸쳐 연재한다. 상품에 흥미가 없는 사람도 그 기사를 보면 즐거워진다. 먼저 독자의 마음을 충족시킨다. 기사에 공감한 사람은 상품을 사고 싶다고 생각한다.

세상에 있는 대부분의 광고는 '상품을 구입해주세요' 하고 부탁한다. 소비자는 너무 많은 부탁을 받고 있어 질려버리기 십상이다. 하지만 스토리에 만족하는 사람은 도리어 '살 수 있게 해주세요!' 하고 부탁하는 팬이 된다.『호보일간 이토이신문』은 상품을 파는 EC사이트가 아닌, 상품의 배경에 있는 스토리를 독자에게 전하는 EC사이트다. 전 세계에서 이런 EC사이트는『호보일간 이토이신문』이 유일하다.

'상품을 살 수 있게 해주세요'는 스토리를 자신의 일이라 생각하고, 그 상품 자체를 '나 자신'으로 생각한다는 뜻일 테다. 이처럼 나 자신의 일이라고 생각하지 않는 이상, 사람은 움직이지 않는다는 사실 역시 지금 시대의 특징이다. '공감', '내 일'이라는 단어는 앞으로 중요한 키워드가 될 것이다.

모든 것은 '코스 요리'에서 '아 라 카르트'로

지금 시대는 앞서 설명한 스토리와 함께 '참가'라는 키워드 역시 중요해졌다.

개발도상에 있는 문화권에서는 세상이 '가르치는 쪽'과 '가르침을 받는 쪽', 그리고 '보여주는 쪽'과 '보는 쪽'으로 나뉜다. 교육, 스포츠, 다도, 요리 등 모든 것이 그렇다. 일본에서 이탈리아 레스토랑과 프랑스 레스토랑이 막 생겼을 무렵, 대부분 코스 요리를 메뉴로 내놓았다. 이탈리아 요리나 프랑스 요리가 아직 일반에게 잘 알려지지 않았으므로, 식사예절을 배워온 사람들이 "이런 식으로 먹으면 됩니다" 하고 모두에게 가르쳐주었다. 손님은 배우면서 식사를 했다. 요리사와 손님 사이에는 지식의 양을 비롯해 넘을 수 없는 선이 있었다.

요즘은 어떨까? 코스 요리를 하는 가게도 있지만, 아 라 카르트 à la carte(손님이 자신의 기호에 맞춰 음식을 개별적으로 주문한다는 뜻의 프랑스어 – 옮긴이)로 운영되는 가게가 더 많아졌다. 이탈리아 요리, 프랑스 요리 같은 것들이 보급되어 일반 사람들의 이해와 지식이 높아졌다. 그 뒤로 요리는 '레스토랑이 제공하는 것'에서 '레스토랑과 손님이 함께 구성하는 것'으로 바뀌었다. 레스토랑이 '참가형'으로 바뀐 것이다. 이제는 파스타만 먹어도 충분하겠

세상에 있는 대부분의 광고는 '상품을 구입해주세요' 하고 부탁한다. 소비자는 너무 많은 부탁을 받고 있어 질려버리기 십상이다. 하지만 스토리에 만족하는 사람은 도리어 '살 수 있게 해주세요!' 하고 부탁하는 팬이 된다.

다든가, 전채를 더 많이 먹고 싶다는 등 손님이 자유롭게 고르는 게 가능해졌다. '레스토랑이라는 공간을 만드는 일'이 '나의 일'이 되면서 손님도 참가해 즐길 수 있게 된 것이다.

이처럼 코스 요리에서 아 라 카르트로의 변화는 레스토랑에서만이 아니라 모든 산업에서 일어나는 추세다. 이것이 나의 가설이다. '가르치는 쪽'과 '가르침을 받는 쪽'이 뒤섞이는 흐름은, 현재 모든 기업에서 일어나고 있는 '방정식'이다.

예를 들어 소셜 게임이 등장했을 때 기존 게임업계에 있던 사람들은 저런 건 게임 축에도 끼지 못한다며 부정했지만, 이제 그 말을 비웃듯이 소셜 게임이 인기몰이를 하고 있다.

소셜 게임은 그저 값싼 게임이 아닌, 시대의 변화에 발맞춘 게임이었던 것이다. 소셜 게임회사 GREE의 사장인 다나카 요시카즈가 "소셜 게임은 코스 요리였던 게임이 아 라 카르트 게임으로 바뀐 것이다"라고 알려준 것이 이 사실을 깊이 생각하는 계기가 되었다.

지금까지의 게임은 제작한 쪽이 "이 게임을 끝내려면 잘하는 사람은 100시간, 잘 못하는 사람은 200시간 정도 걸립니다"라든가, "여기에서 시작해 여기에서 끝냅시다"라고 알려주는 코스 요리 형태였다. 즐기는 방법을 만드는 쪽이 게임을 하는 쪽에게 가르쳐줬다. 둘 사이에는 확실한 선이 그어져 있었다.

한편으로, 소셜 게임은 "원하는 시간에 시작해 적당한 시간에 끝내도 좋습니다", "단시간에 할 수 있는 게임이 가득하니 돈을 내고 즐겨도 되고, 돈 없이 즐겨도 괜찮습니다"라는 식이다.

다시 말해, 게임을 '아 라 카르트 식'으로 만들면 어떤 모습일지 제시한 것이 소셜 게임이라고 할 수 있다.

이와 같은 일이 실은 출판업계에서도 일어나고 있다. 게임업계는 이를 의식하면서 행동했기 때문에 산업이 커졌지만, 출판업계에서는 의식하지 못한 채 행동하는 바람에 산업이 커지는 데 기여하지 못했다. 최근 약 15년 사이에 '2차 창작'이 폭발적으로 늘어났다. 원작을 기초로 독자가 자유롭게 새로운 만화를 제작하는 것이다. 일본의 대표적인 만화 잡지인 『점프』에 연재되는 다양한 작품들이 인기몰이를 하는 것도 2차 창작 덕분이다. 닭이 먼저냐 알이 먼저냐 하는 문제와 마찬가지로, 원작의 인기에 힘입어 2차 창작이 활발해졌다고도 할 수 있겠고, 2차 창작에 힘입어 원작이 인기를 얻고 있다고도 말할 수 있다.

어찌 됐든 『점프』와 다른 작품의 차이는 2차 창작의 양이다. 2차 창작이 불가능한 완벽한 스토리는 아무리 수준이 높아도 독자들이 가까이 하기 힘들다고 느끼면 잘 팔리지 않을 수 있다. '질이 높다'는 것만이 팔리기 위한 조건이 아닌 시대가 온 것이다.

한 발 물러서 바라보면 이 2차 창작을 한다는 것은 독자가 작품에 개입해 함께 보완한다는 의미로, '가르치는 쪽과 가르침을 받는 쪽', '작품을 만드는 쪽과 받아들이는 쪽'이라는 울타리를 넘어 함께 하나의 작품을 만들고 있다고 생각할 수 있다.

나는 줄곧 트위터의 '해시태그(단어나 여백 없는 구절 앞에 해시 기호 #을 붙이는 형태의 표시 방법 또는 메타 데이터 태그로, 마이크로 블로깅, 트위터, 인스타그램 같은 SNS에서 사용된다 – 옮긴이)'가 왜 유행하는지 생각해왔다. 나에게는 해시태그가 그리 매력적이지 않았기 때문이다. 하지만 모두가 쓰고 있다는 것은 시대의 흐름과 관련 있다는 의미다. 인스타그램이 인기를 끌면서 해시태그 문화가 더욱 성행하고 있다는 사실은 시대를 파악하는 데 매우 유용하다.

어느 날, 전철 안에 붙은 잡지 광고 포스터를 멍하니 보고 있다가 해시태그의 의미를 깨닫게 되었다. 잡지의 색인과 해시태그는 같은 맥락이다. 그것들은 '세상을 향한 화제 제공'을 뜻한다.

잡지 광고 포스터의 타이틀을 보고 세상 사람들은 이런 내용을 화제로 삼고 있구나, 전체 내용이 어떤지 읽어보고 싶네, 하는 생각에 잡지를 구입한다. 해시태그를 생각해낸다는 것은 모두가 화제로 삼고 싶어지는 주제를 제공한다는 의미였던 것이다.

좋은 작품은 화제의 중심에 서게 마련이다. 무라카미 하루키의

『1Q84』가 엄청나게 팔리고 있었을 때는 너나없이 "그거 읽어봤어?" 하고 이야기를 나눴다. 사람들은 『1Q84』를 두고 "그 책 역시 대단한 것 같아"라든가, "아니, 그 책은 옛날 무라카미 하루키에 비하면 전혀 좋지 않아" 등등 찬반양론을 펼쳤다. 그렇게 논란을 일으키는 주제가 매우 좋은 '해시태그'다. 세상에서 크게 성공한 것은 늘 그런 식으로 논란의 대상이 된다. 그렇게 생각해보면 해시태그는 '참가'할 수 있는 의제를 제공하는 것이다.

잡지는 일방적으로 의제를 보여줄 뿐이다. 하지만 모두가 참가할 수 있다면 논의가 더욱 활발해진다. 해시태그도 지금까지의 시대에 있었던 것이 변화된 형태로, '참가'라는 특성을 추가한 것이다. 그렇게 생각하니 해시태그가 유행하는 이유를 이해할 수 있었다. 시대에 뒤떨어진 얘기라고 할지 모르지만, 나는 많은 사람들이 생각하는 것 이상으로 해시태그가 앞으로도 한동안 중요한 기능을 담당할 것이라 생각한다.

'무심코'라고 칭하는 것들을 스마트폰이 빼앗아간다

이 장에서는 내가 세상을 바라볼 때 중요하게 생각하는 '우주인 시점'과, 그런 시점으로 세상을 어떻게 보고 있는가에 관해 이야기했다. 마지막으로 인터넷, 특히 스마트폰의 보급에 따라 일어날 수 있는 변화를 생각하고자 한다.

"뭐 먹고 싶어?"라고 묻는 아내에게 남편이 "아무거나"라고 답하면 아내는 싫은 얼굴을 한다. 흔한 광경이다. 하지만 이 장면에 인간을 이해하는 데 굉장히 중요한 단서가 있다.

'아무거나'는 세상에 있는 대부분 사람들이 가지는 '본심'일 것이다. '아무거나'는 '무심코'라고도 바꿔 말할 수 있다. 히트곡을 듣는 사람 중 대부분은 이 음악이 아니면 절대 안 된다기보다는 왠지 이 음악이 듣고 싶어서 '무심코' 들을 뿐이다. 음반을 구입한 사람 중 5퍼센트는 '이 음악을 듣고 싶다', '이런 음악이 아니면 안 돼'라는 강한 기호를 가지고 있겠지만, 남은 95퍼센트는 '무심코 음악을 들으며 시간을 때우고 싶다'고 생각한다.

이 '무심코'를 즐기는 사람들에게는 멜론이나 라인 뮤직처럼 정액 서비스로 충분하다. 많은 카페가 이런 서비스를 이용하고 있는 이유도 손님들을 위한 음악은 '아무거나'라도 상관없기 때문이다.

갬블도 마찬가지일지 모른다. 파친코를 하는 사람들 중에 파친코가 아니면 절대로 안 된다고 생각하는 사람은 5퍼센트도 안 될 것이다. 모터보트 경주나 경마, 마작 등도 '이것만 할 거야'라고 생각하는 사람은 5퍼센트도 되지 않는다. 95퍼센트는 시간을 때우는 방법을 잘 알지 못해 카지노에 들른다. 프로를 목표로 하는 사람이라면 몰라도 그저 '무심코 시간을 보내고 있는 사람'이 대부분이다.

음식점이나 책, 영화도 마찬가지다. '무심코' 즐기려는 사람들이 고객이다. 집에서는 '무심코' 남는 시간을 TV가 거의 독점하고 있으며, 그 외의 시간은 다양한 형태의 것들이 서로 경쟁하며 차지한다. 하지만 최근에는 집에 있을 때든 밖에 있을 때든 발생하는 그 모든 '무심코'를 스마트폰이 모두 빼앗아가고 있다. 세상에 있는 95퍼센트의 '무심코'가 스마트폰에게 집중되어버린 것이다. 매우 무서운 현상이다.

게다가 인터넷상에는 무료 콘텐츠가 가득하다. '아무거나' 상관없는 95퍼센트는 이 무료 콘텐츠만으로 만족해버린다. 이런 현상으로 출판업계뿐만 아니라 '무심코'를 두고 경쟁하던 모든 업계가 위기를 겪고 있다.

한편으로 "인터넷에 있는 콘텐츠는 질이 낮잖아?"라는 반론이 늘 존재한다. 확실히 인터넷은 '옥석혼효玉石混淆(보석과 돌이 섞여 있는 것 - 옮긴이)' 상태에 있다. 유튜브에는 재미있는 영상도 있지만 예의상이라도 질이 높다고 말하기 힘든 영상도 올라와 있다. 블로그 역시 재미있는 것이 있는 반면 재미없는 곳도 있다.

'Sumally'라는 서비스를 운영하는 야마모토 켄스케는 인터넷을 도시에 비유해 설명하면서 인터넷의 발전 양상은 도시의 발전과 같은 경로를 밟을 것이라고 말한다. 전쟁으로 불에 탄 도쿄는 전후 한동안은 시부야, 신주쿠, 긴자 사이에 별반 차이가 없었을 것이다. 어디든 엉망진창이었고, 구역의 색깔은 기대할 수조차 없었다. 그 상태를 옥석혼효에 비유할 수 있을 것이다.

　　그러나 인프라가 조금씩 구축되고, 경제가 발전하면서 구역마다 색깔을 갖게 되었다. 시부야는 젊은이들의 문화가 있는 거리, 긴자는 고급스러움이 풍기는 거리라는 식으로 처음에는 다른 곳과 차별성 없이 잡다했던 구역이 각각 특색 있는 공간으로 변해갔다.

　　지금까지 인터넷은 전쟁 후의 도시와 마찬가지로 마을을 만들어가는 상태다. 때문에 어디를 가도 특색 없는, 엉망진창인 도시뿐이다. 하지만 앞으로는 서비스별로 사용자가 분류되어 시부야나 신주쿠, 긴자와 같은 거리가 인터넷상에도 생겨날 것이다.

　　이러한 개념을 일깨워준 야마모토가 운영하는 Sumally는 사용자끼리 마음에 드는 상품의 정보를 교환하는 서비스 사이트다. 인터넷 서비스는 되도록 빨리 사용자를 확보하고 싶어한다. 하지만 야마모토는 일부러 오픈 초기엔 센스가 좋은 사용자들에 한정해서 사이트를 공개함으로써 서비스에 자기만의 특색을 만들었다. 마치 건축에 제한을 두어 그 도시만의 분위기를 조성하는 것과 같은 이치다.

야마모토도 나처럼 출판사 출신의 기업가다. IT 출신의 기업가와는 고집하는 초점이 다르다. 나는 야마모토가 가설을 증명해가는 모습을 보면서 굉장한 용기를 얻는다.

만약 유튜브에 처음으로 투고한 사람이 스티븐 스필버그였다면 어땠을까? 유튜브는 영상 크리에이터들이 멋진 영상을 투고하는 장소로 자리 잡아, 지금처럼 잡다한 느낌의 사이트가 되지 않았을지도 모른다.

따라서 처음부터 서비스의 목표와 방향을 정해놓고 그에 맞는 색깔을 입혀나간다면 인터넷상에서도 자신이 원하는 도시를 만드는 데 어느 정도 통제력을 발휘할 수 있을 것이다.

Sumally 같은 도시는 인터넷상에서 계속 늘어날 것이다. 신주쿠처럼 다양한 부류의 사람들이 모이는 거리가 생기는가 하면 긴자처럼 고급스러움을 지향하는 사람들이 모이는 거리도 생길 것이다. 인터넷은 열린 공간이므로 사용자는 어떤 거리든 자유롭게 드나들 수 있다. 시간이 지남에 따라 '이 거리에는 이런 느낌의 사람들이 모여 있다'는 데이터가 점점 축적되어갈 것이다. 인터넷 세계가 점점 정비되어, 자기만의 색깔을 가진 거리가 곳곳에 생겨나면 많은 사람들이 인터넷을 통해 자신의 취향에 맞는 콘텐츠를 즐길 수 있을 것이다.

　다음 장에서는 그런 인터넷과 스마트폰 시대에, 편집자로서 나는 무엇을 고민하고 무엇을 생각하며, 어떻게 해결하려고 했는가를 이야기하겠다.

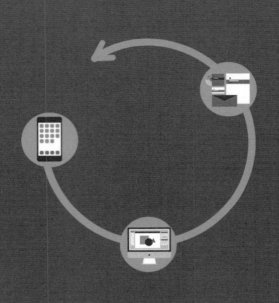

PART 3

인터넷 시대의
편집 능력

물건이 팔리지 않는 시대에 무엇을 팔 것인가

많은 사람이 아날로그에 정감을 느끼며, 디지털은 차가운 느낌이라고 생각한다. 하지만 실제로는 그 반대였다. 디지털 안에서 인간적인 교류가 생겨나, 그 관계를 즐기는 과정을 매우 재미있어한다.

질을 높여도
팔리지 않는 시대가 왔다

고단샤에서 편집자로 일할 때 나는 어떻게 하면 좋은 작품을 만들 수 있을까에 관해서만 생각했다. 신입사원 시절 선배가 "작품을 완성했다고 생각한 뒤에도 '아직 더 좋아질 수 있다'는 믿음으로 긴장을 늦추지 말고 포복전진해라. 그런 노력이 작품을 재미있게 하니까!"라고 조언해주었는데, 나는 줄곧 그 말을 소중히 여겼다. 최선을 다했다고 생각될 때도 '아니, 훨씬 더 재미있게 만들 수 있는 부분이 있을 거야'라고 습관처럼 생각했다.

그런 사고방식이 작품을 갈고닦는 데 중요하다는 믿음은 지금도 변함없다. 하지만 점점 그런 장인정신으로 만들어낸 작품이 인정받지 못하는 세상이 되어가고 있다. 질 높은 작품이 판매로 연결되지 않는 경우가 늘어났기 때문이다. 팔리고 팔리지 않는 문제가 작품의 질에 달려 있다면 질을 높일 방법을 찾는 데만 매달리면 된다. 하지만 팔리지 않는 원인이 질의 문제가 아니라 사회의 변화에 있다면, 그 사회의 변화를 제대로 파악할 필요가 있는 것이다.

나 자신만 해도 전철에서 늘 남성 주간지를 읽던 습관이 사라졌다. 어느샌가 역 가판대에서 구입한 잡지를 전철 안에서 다 읽지 못해 버리는 일이 늘어나다 보니 결국 구매하지 않게 되었다. 잡지를 읽는 대신 이메일을 확인하거나 페이스북이나 트위터를 보는 일이 잦아졌다.

그렇다면, 잡지보다도 SNS가 더욱 질이 높고 재미있을까? 그렇지 않다. SNS에는 "어제 ○○와 레스토랑에 갔다" 따위의 지인이 쓴 글들이 있을 뿐이다. 게다가 글들을 하나하나 살펴보면 특별히 재미있지도 않다. 당연한 말이지만 기자가 취재해서 쓴, 돈이 들어간 기사와 비교하면 질이 매우 낮다. 아니, 애당초 질 같은 것을 의식하고 쓴 글조차 거의 없다. 그런데도 나는 SNS를 더 자주 본다.

질이 낮다는 것을 알면서도 SNS를 보는 이유는 무엇일까?

SNS에 올라오는 글들이 재미없다고 생각하면서도 일부러 찾아 보는 것은 역시 재미있다는 뜻일까? 혹시 재미있다는 기준이 바뀌고 있는 것은 아닐까?

왜 사람들은 '탄탄하게 다듬어진 프로의 문장'보다 '친구들의 시시한 글'을 재미있게 느끼는 걸까?

그런 생각을 몇 개월에 걸쳐 하다가 어느 날 문득, 사람들은 '엄마가 만든 밥이 제일 맛있다'는 말을 한다는 생각에 이르렀다. 왜 엄마가 만든 음식이 맛있을까? 주변 친한 사람들이 SNS에 쓰는 글들을 읽게 되는 것도 같은 이유가 아닐까?

특별히 맛있는 요리가 아니라도 집에서 먹는 밥이 맛있다고 생각하는 사람이 많을 것이다. 연인과 함께 먹으면 요리의 질과 관계없이 맛있다고 느끼기 쉽고, 반대로 어려운 사람과 함께 먹으면 특별한 요리라도 그저 그런 맛으로밖에 느껴지지 않는 경우가 많다.

'맛있다'는 것의 기준에 어떤 절대치가 있는 게 아니라 '관계' 속에서 결정되는 셈이다. 그렇다면 작품의 '재미' 역시 어떤 기준이 있는 게 아니라 관계 속에서 결정되는 것이 아닐까?

잡지나 단행본에서 '작품'과 '독자'의 관계는 고정되어 있어 친근하다고 말하기 힘든 면이 있다. 한편으로, SNS로 연결되어 있는 지인이나 취향이 비슷한 사람들은 친근한 관계라고 말할 수 있다. 친근한 사람이 발신하는 정보가 일면식도 없는 프로의 문장보다 '재미있다'고 느낀다.

재미라는 것은 '친근감×질의 절대치'의 '면적'이다.

이 면적 이론을 소셜 게임에 대입해보면 맞아떨어지는 부분이 많다. 기존의 게임은 기본적으로 한 명이나 두 명이 플레이할 수 있었다. 한편 소셜 게임은 여러 사람이 함께 할 수 있다. 모르는 사람과 자동적으로 팀을 이루는 경우라도 게임을 하면서 친근감을 느끼게 된다. 게임의 질을 절대치로 가늠해보면 예전 게임이 소셜 게임을 이기겠지만 친근감이 높은 소셜 게임이 면적을 훨씬 넓혀간다. 콘텐츠가 1차원 시대를 지나 '친근감×질'이라는 '2차원' 시대를 맞이한 것이다.

IT기술이란 '사람과 사람을 연결하는 기술'이다. 사람과 사람을 서로 연결하는 기술을 최대한으로 사용한 콘텐츠인 게임이 이 시대에서 승리하는 것은 필연이라고 할 수 있다.

만화의 '2차 창작'도 재미의 면적을 넓히는 행위다. 2차 창작 덕분에 독자는 그 작품에 더욱더 친근감을 느낄 수 있으므로 단

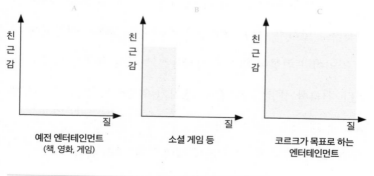

재미와 '질×친근감'

순히 읽는 작품보다 이야기를 훨씬 더 만끽할 수 있다. 독자의 행위가 이야기의 재미를 변화시킨다.

사람에 따라
감동의 정도가 다르다

앞으로의 콘텐츠 비즈니스는 '친근감을 얼마나 이끌어내는가'를 과제로 삼는다. 얼마나 많은 독자와 접점을 가지느냐가 점점 중요해지기 때문이다. 지금까지는 작가가 독자와 만나려면 1만 4,000개가 넘는 서점에 책을 배포하고, 사람들이 그 책을 구입해줘야 했다. 아무리 감동적인 작품이라도 독자와의 접촉 횟수가 매우 적을 수밖에 없었다.

모든 콘텐츠가 세상과 접촉 횟수가 적었을 때에는 그리 문제되지 않았다. 하지만 소셜 게임이나 알림형 앱이 하루에도 몇 번이나 사용자들과 접촉하고 있는 현실을 생각하면 책은 분명 위기를 맞고 있다.

『우주형제』 제1권은 80만 부 가까이 팔렸지만, 책을 통한 연결고리만 따지면 한 사람 한 사람의 독자는 '80만분의 1'의 존재가 되어버린다. 하지만 그 하나하나의 독자들과 더욱 깊은 관계를 맺고 싶었다. 하루에 몇 번이라도 『우주형제』를 떠올리도록 만들고 싶었다. 그리고 그런 바람을 실현할 수 있는 방법은 SNS를 활용하는 것이라는 결론에 도달할 수밖에 없었다.

현재는 트위터와 페이스북, 라인, 인스타그램, 메일 매거진, 홈페이지…… 그 모든 것을 코르크가 직접 운영하며 날마다 다양한 형태로 독자에게 정보를 전하고 있다. 코야마 추야의 사이트에서 『우주형제』 관련 상품을 판매하기 시작했다. 작중 인물이 사용한 머리핀을 제작해 판매했더니 1,500명이 구입해주었다.

독자와의 접점을 늘리기 위해 갖가지 시도를 끊임없이 하는 가운데 여러 변화가 일어났다. 책만 팔던 시대에는 독자들의 얼굴이 보이지 않았다. 하지만 우리 직원들은 사이트에서 직접 물건을 구입하는 독자들이 어떻게 해서 우리와 인연이 닿았는지, 얼굴과 아이디는 무엇인지 기억한다.

많은 사람이 아날로그에 정감을 느끼며, 디지털은 차가운 느낌이라고 생각한다. 하지만 실제로는 그 반대였다. 디지털 안에서 인간적인 교류가 생겨나, 그 관계를 즐기는 과정을 매우 재미있어한다.

'2대 6대 2의 법칙'이라는 것이 있다.

술을 예로 들어보자. '매우 잘 마시는 사람' 20퍼센트가 전체 소비량의 80퍼센트 정도를 차지하며, 일반적인 양을 마시는 사람이 60퍼센트, 나머지 20퍼센트는 아주 적은 양을 마시는 사람들이다. 이 법칙은 온갖 것들에 적용할 수 있다. 회사도 우수한 직원 20퍼센트가 회사 이익의 대부분을 만들어내며, 60퍼센트는 그럭저럭 일하고, 나머지 20퍼센트는 그렇게 일을 하지 않는 사람들이라고 한다.

마찬가지 상황을 소셜 게임에서도 적용할 수 있다. 20퍼센트가 '헤비 유저'로 대부분의 이익을 만들고 60퍼센트 정도가 보통 사용자들, 나머지 20퍼센트는 무료 이용자들이다.

열심히 즐기는 사람에게는 많은 돈을 받고, 별로 즐기지 않는 사람에게는 돈을 거의 받지 않는다. 일부 헤비 유저를 통해 매출을 올리며 '라이트 유저'는 공짜로 즐기게 하다니, 뭔가 불공평한 구조처럼 느껴질지 모르겠다. 하지만 돈을 지불하는 쪽은 돈을 내고 게임을 즐기는 데 만족한다.

기존의 게임들은 결재 방식이 고정되어 있어서 책과 마찬가지로 모두에게 똑같은 가격에 판매했다. 소프트웨어가 5,000엔이면 모두 5,000엔을 내고 이용했다. 하지만 소셜 게임이 생겨나면서 결재 방식이 유연해졌기 때문에 게임에도 2대 6대 2의 법칙이 작동할 수 있다.

나는 책도 '2대 6대 2의 법칙'으로 비즈니스를 전개하는 것이 작가, 출판사, 독자 모두에게 좋은 결과를 낼 수 있다고 생각한다. 지금까지는 산업별로 비즈니스 모델이 달랐지만 인터넷 속에서는 전혀 다른 업종이라도 비즈니스 모델이 가까워진다. 다른 업종에서 성공한 방법을 채택하면 정체된 시장을 활성화시키는 데 도움이 될 것이다.

작품과 친해지는 '분인'을 끌어낸다

히라노 게이치로의 소설 『던』과 『공백을 채우십시오』를 책임 편집한 적이 있다. 거기에서 '분인주의分人主義'라는 사상이 나온다. 분인주의란 무엇일까.

예를 들어 나는 강연회에서는 되도록 논리적이고 알아듣기 쉽게 말하려 한다. 한편으로 회사에서 직원들과 이야기할 때는 좀 더 빠른 말투로 이야기한다. 가족과 이야기할 때는 더욱 솔직해지며 친구들과 있을 때는 전혀 달라진다. 나아가 친구 중에서 옛날 친구들과는 또 완전히 다른 방법으로 이야기를 한다.

이건 무슨 뜻일까. 모든 상황을 나누어 그때그때 연기하고 있는 것일까? '진짜 나'가 있어서 그 자신이 '강연회용인 사도시마 요헤이', '회사용 사도시마 요헤이' 이런 식으로 구분해 행동하는 것일까? 그렇지 않다. '연기하고 있는' 것이 아니라 자연스럽게 그런 모습이 나오는 것이다.

인간이란 '진정한 나'라는 것이 중심에 서서 여러 가지를 통제하는 것이 아니라 모든 타인과의 관계 속에 생겨나는 '나'가 존재하며, '상대에 따라 다르게 나타나는 것'이다. 모두들 '진짜 나'를 찾아 여행을 떠나지만 '진짜 나'란 것이 없다면 그 여행은 의미가 없다.

인간이란 그 이상 나눌 수 없는 존재, 영어로 individual이라고 한다. 나눌Divide 수 없는 존재가 개인이지만, '나'는 실제로는 환경에 따라 나뉜다. 나라는 존재는 타인에 따라 다르게 드러나는 존재다. 따라서 '진짜 나'라는 것은 존재하지 않으며, '아이와 함께 있을 때의 나'도 '딱딱한 태도를 취하고 있을 때의 나'도 모두 '나'라는 사고방식이 '분인주의'다. 이에 관해서는 히라노 게이치로의 『나란 무엇인가』(21세기북스 출판)에 자세히 나와 있으니 꼭 한번 읽어보기를 권한다.

왜 '분인주의'에 관해 말을 꺼냈는지 조금 더 이야기를 진행해보겠다.

'아마로스'라는 말이 있다. 아침 연속 TV소설 〈아마짱〉이 종영된 후의 쓸쓸함을 '아마로스'라고 한다. 마찬가지로 '펫로스'라는 말이 있다. 'ㅇㅇ로스'라는 말은 무언가가 사라져버린 상실감을 의미한다.

사람은 지인이나 사이가 좋았던 사람이 죽으면 슬픔을 느낀다.

당연한 일이다. 하지만 친하지 않은 사람이 죽으면 그렇게까지 슬퍼하지는 않는다. 사람은 모두 죽게 마련이니 모든 사람의 죽음을 다 슬퍼하지는 않을 것이다. '죽음' 자체가 슬픈 것은 아니라는 말이다. 그렇다면 '슬픈 죽음'과 '슬프지 않은 죽음'에는 무슨 차이가 있을까?

한 사람의 '분인'이 '상대에 따라 다르게 나타나는 것'이라면, 그 사람이 죽어버리면 그 사람의 '분인'은 더 이상 나타나지 않는다. 그 '분인'을 상실해버린 상태가 바로 '슬픔'이 아닐까. 분인주의에서는 그렇게 생각하고 있다. 내 안의 무언가가 사라져버렸으니 상실감이 생긴다.

'펫로스'라는 것은 애완동물로 인해 나타나던 나(분인)가 더 이상 나타나지 않기 때문에, 아마로스란 〈아마짱〉을 보면서 나타나던 나(분인)가 나오지 않기 때문에 슬픔을 느끼는 것이다.

히라노 게이치로는 '사랑이 무엇인가'를 분인주의로 정의했다. 상대의 어떤 점이 사랑스러워서라기보다는 그 '상대와 함께 있을 때의 나', '상대로 인해 나타나는 분인'을 좋아하게 되는 것이 사랑이라는 것이다. 마음이 편안한 나, 나를 안정되게 이끌어주는 그 상대가 사랑스럽고, 그것이 '사람을 사랑한다'는 것이라고 정의한다.

앞에서 이야기한 것처럼 『우주형제』 단행본은 4개월에 한 번밖에는 발행되지 않는다. 다시 말해, 4개월에 한 번밖에는 『우주형제』를 접하지 못한다. 아무리 자기 인생에서 최고의 조언을 해주는 소중한 사람이라도 4개월에 한 번밖에 못 만난다면 중요성은 떨어진다. 그 '분인'이라는 것이 좀처럼 나타나지 않으니 날마다 만나는 친구에게 지는 것이다. 『우주형제』를 소중히 생각할 수 있게 하려면 그 '분인'을 날마다 이끌어내야 한다.

가능하다면 하루에 다섯 번이고 열 번이고 '『우주형제』의 분인'이라는 것을 이끌어내고 싶다. 다양한 SNS를 운용하는 것은 앞으로의 시대가 SNS로 결정된다는 단순한 생각 때문이 아니라 『우주형제』와 함께 지낼 수 있는 '분인'을 만들어내기 위한 전략이다.

『우주형제』라는 분인이 있으면 어떤 현상이 나타날까? 예를 들어, 아주 가끔 만나는 사람에게 갑자기 "사법시험에 합격했다!"는 말을 들으면 "아아, 그렇구나. 축하한다"라는 말밖에 나오지 않는다.

그렇지만 페이스북 등을 통해 그 사람이 얼마나 노력하고 있는가를 조금씩 접하고 있었다면 "정말 잘됐다! 정말 축하해. 한잔해야지!" 하고 말한다. '분인'을 공유하고 있는가 아닌가가 독자가 작품에 더욱 깊이 관여하는가 아닌가와 관계되는 셈이다.

지금까지 출판사는 잡지라는 미디어를 가지고 있어 그것을 경유해 작가와 독자를 연결하기만 하면 충분했다. 하지만 그 접점 횟수로는 더 이상 '분인'을 이끌어낼 수 없다. 그래서 코르크는 인터넷상에 있는 다양한 스몰 미디어를 이용해, 독자들이 작가와 작품을 향한 '분인'을 만들도록 노력하고 있다.

인터넷을 통해
친근감을 만들어내려면?

오래전부터 호리에 다카후미는 나에게 "메일 매거진은 최고의 미디어니까 활용해보면 좋을 거야"라고 조언하곤 했다. 나는 그런 이야기를 들을 때마다 "메일 매거진 같은 건 그저 문자를 나열해놓은 거라 전혀 매력적이지가 않아요. 작가라면 좀 더 독창적인 방법으로 표현해야죠. 비즈니스를 하는 사람이 아니면 메일 매거진을 활용하기 힘들어요"라고 반론을 제기했다. 이런 생각을 갖고 있었으니 당연히 메일 매거진을 사용하지 않았는데, 호리에가 하도 많이 얘기하기에 반신반의하며 시도해보았다. 그런데 지속적으로 사용해보니 메일 매거진이 지닌 막강한 힘을 체감할 수 있었다.

코르크에서는 매주 한 번, 코야마 추야나 안노 모요코 작가에 관한 메일 매거진을 발행하고 있다. 작가 본인이 작성하기도 하고, 직원들이 작성하는 경우도 있다. 문장의 질은 물론 만화에 미치지 못한다. 그런데도 꾸준히 읽어주는 독자들이 많아 큰 호응을 얻고 있다. 특별이 질 높은 문장도 아닌데 열심히 읽고 호감을 보인다. 무엇 때문일까?

메일 매거진과 같은 문장을 홈페이지에 게재한다면 어떻게 될까? 아마도 읽는 사람이 거의 없을 것이다. 홈페이지는 이른바 '공공의 장소'이기 때문이다. 예를 들어 내가 100명의 청중에게 이야기한다고 가정하자. 청중 모두가 나에게 그렇게까지 친근감을 갖지는 않을 것이다. 하지만 개인 공간에 한 명씩 찾아오게 해서 일대일로 이야기를 나눈다면 어떨까?

미디어에도 친근감이라는 것이 존재한다. 홈페이지는 친근감이 생겨나기 힘든 미디어다. 트위터는 스스로 팔로우를 선택하기 때문에 어느 정도는 친근감이 있는 편이라고 할 수 있다. 페이스북은 사생활을 보여도 괜찮을 정도로 친근감이 크고, 나아가 라인 같은 것들은 사생활을 더욱 많이 드러내고 있어 상당히 친근감을 가진다. 메일도 라인 메신저만큼 친근감이 있다.

누구나 갖고 있는 '개인 공간'에 작가가 직접 메시지를 전달한다면 어떨까? 앞에서 언급한 '친근감×질'의 면적을 빌려 말하자면, 그리 훌륭한 문장이 아니라도 친근감을 줄 수 있으며, 코야마 작가가 혼신을 다해 그린 『우주형제』 못지않은 효과를 낼 수 있다.

메일이나 라인 메신저로 독자 설문조사를 해보면 어마어마한 열정을 가진 매우 많은 사람에게 답장이 돌아온다. 직원들은 그것을 전부 읽는다. 서점에 책을 그저 진열해두기만 했을 때에는 이런 독자들과의 커뮤니케이션이 일어나지 않았다. 이제 독자들과 긴밀하게 소통하며 함께 물건을 만들어가는 시대가 된 것이다. 예전보다 많이 힘들어졌지만 실은 더욱 따뜻함을 느낄 수 있고, 일하는 재미가 커지고 있다.

'작가를 응원하는 구조'를 만든다

친근감을 갖게 만들고, 작품과 접촉할 수 있는 '분인'을 만들어내야 한다. 그 사실을 알고 난 뒤로 내가 힘을 쏟는 것이 팬클럽 운영이다.

현재 코르크에서 육성하고 있는 신인 만화가 중 하가 쇼이치가 있다. 하가의 팬클럽을 구축하기 위해 뮤직 세큐리티즈라는 회사와 '투자펀드'를 만든 적이 있다. 신인 만화가 하가 쇼이치를 위해 투자해달라고 소문을 냈다. 그랬더니 약 130명이 투자해주었다.

그 돈을 기반으로 『지우개 인생』(ケシゴムライフ, 케시고무 라이프)이라는 책을 제작하여 서점에 판매했다. 책은 2,000부 정도 팔

려 인쇄비를 회수하고 투자해준 분들께도 돌려줄 수 있었다. 그리고 판매하고 남은 책은 창고에 쌓아두지 않고 명함처럼 배포하기로 했다.

대부분의 출판사는 책은 판매하는 것이라는 생각에 무료로 배포하려고 하지 않는다. 하지만 우리는 '하가 쇼이치'라는 재능을 어떻게 널리 알릴까를 생각했다. 목적은 팬클럽 결성이므로 책도 명함 대신 사용할 수 있다고 생각했다. '하가 쇼이치의 책 만들기'는 작가의 이름을 알리기 위한 수단에 지나지 않는다. 우리의 궁극적인 목표는 하가의 책을 판매하는 것이 아니라 하가의 팬을 만드는 것이다.

서점에서 판매한다면 『지우개 인생』을 한 권에 600엔 정도 지불하고 구입한 후 그걸로 끝이다. 아무리 그를 좋아하는 팬이라도 소비하는 돈은 고작 600엔. 하지만 우리는 '날마다 하가 쇼이치를 생각하며 산다'고 하는 열렬한 팬을 만들고 싶다. 우리는 팬을 육성하기 위해 SNS를 전면적으로 활용하는 동시에 이벤트를 기획하는 등의 일을 하고 있다. 코르크의 업무는 팬과 작가의 커뮤니케이션 매니지먼트다.

'작가의 가치를 최대화'하기 위해서는 이와 같은 팬클럽 운영이 필수다. 팬클럽이 견고할수록 작품과 상품을 안정적으로 만들 수 있으므로 작가의 머릿속을 퍼블리시하기가 용이하다.

누구나 갖고 있는 '개인 공간'에 작가가 직접 메시지를 전달한다면 어떨까? 앞에서 언급한 '친근감×질'의 면적을 빌려 말하자면, 그리 훌륭한 문장이 아니라도 친근감을 줄 수 있으며, 코야마 작가가 혼신을 다해 그린 『우주형제』못지않은 효과를 낼 수 있다.

인생에서
'거처'의 중요성

인생에서 거처를 찾는 일은 매우 중요하다. 회사를 찾고 일을 찾는 행위도 기본적으로는 '머무르기 편안한 장소'를 찾는 것이다. 내가 창업을 선택한 것도 자아 찾기가 아닌 '거처 찾기'를 한 끝에 발견한 장소였다.

나의 거처는 어떻게 찾아야 할까?

예를 들어 사과를 좋아하거나 멜론을 좋아하는 사람들끼리 "너도 사과를 좋아하는구나!", "너도 멜론을 좋아하는구나!" 하며 깊은 관계를 맺는 것은 상상하기 힘들다. 사과를 좋아하는 사람도 멜론을 좋아하는 사람도 아주 많기 때문에 자신과 같은 것을 좋아하는 사람들을 찾아도 그렇게까지 감동하지 않을 것이다.

하지만 같은 책을 좋아한다면 얘기가 달라진다. 작품을 통해 깊은 연결고리를 느낄 수 있다. 나는 앤 마이클스라는 캐나다의 시인이 쓴 첫 소설 『덧없는 시편들』을 매우 좋아한다. 만약 그 책을 내가 추천해서가 아니라 스스로 좋아해서 읽는 사람이라면 나는 그 사람과 마음 깊숙이 통한다는 생각이 들어 친해지고 싶을 것이다. 그 사람의 인생에 흥미를 가질 것이고 "한잔하러 갈까?" 하는 정도까지 사이가 진전될 것이다. '앤 마이클을 좋아하는 사람 중에 나쁜 사람은 없을걸!' 하고 멋대로 상상의 나래를 펼칠지도 모른다.

이처럼 작품이란 정체성과 매우 긴밀하게 연결된 경우가 많다. 어떤 책과 영화, 음악을 좋아하는가를 전하는 것은 자신의 정체성을 다른 사람에게 전하는 것과 마찬가지다.

코야마 추야의 홈페이지를 방문하는 사람들은 작가에 관해 더 알고 싶은 동시에 그 사이트에 접속하는 다른 사람들과 친해지고 싶어할 가능성이 있다. 종종 뮤지션의 콘서트장에서 그 뮤지션의 투어를 함께하고자 하는 동료들이 생기기도 하는데, 그 비슷한 일들이 생겨도 이상할 게 없다.

우리는 그런 일들이 인터넷상에서 일어날 수 있는 구조를 만들고자 한다. 우리는 어떻게 하면 『우주형제』 홈페이지에서 팬들끼리의 교류가 생겨날 수 있을까를 고심하고 있으며, 실제로 생겨나고 있다.

예를 들어 '『우주형제』에 등장하는 키타무라 자매의 이름이 실은 끝말잇기로 되어 있다'는 사실을 누군가가 눈치채고 댓글을 단다. 그러면 "그런 걸 찾아내다니 대단한데!" 하고 다른 누군가가 댓글을 단다. 『우주형제』의 초판본을 가지고 있어요!'라든가 '단편집 『하루 점프』의 초판본쯤은 가지고 있어야 진짜 코야마 추야의 팬이라고 할 수 있죠!' 같은 댓글이 달리기 시작한다. 코르크는 인터넷 공간에서 팬이 모이는 '카페'를 어떻게 만들어갈 것인가, 어떻게 머물기 좋은 장소를 만들 것인가를 고민하고 있다.

인터넷 시대가 발전하면서 오히려 '페이스 투 페이스'가 중요해졌다. 실제로 만나는 것이 아니라 인터넷상에서의 '페이스 투 페이스'를 뜻한다.

중국은 그야말로 인터넷 신흥 선진국이라 할 수 있다. 알리바바라는 EC사이트가 이렇게까지 성장한 원인 중 하나는 사이트상에서 채팅을 통해 물건을 파는 사람과 이야기를 나눌 수 있기 때문이다. 판매자와 채팅으로 "이거 할인돼요?" 같은 이야기를 24시간 언제든지 나눌 수 있으니 얼마나 매력적인가.

인터넷에서도 결국 '대면'하는 것이 중요해졌다. 일본의 EC사이트는 문의 메일주소를 어떻게든 찾아내서 거기에 이메일을 보내지 않으면 판매자와의 커뮤니케이션이 불가능하다. 그러면 물건을 사고 싶은 생각이 솟구치지는 않는다. 사고 싶은 물건을, 검색해서 구입하는 정도에 그치는 것이다.

직접 얼굴을 보고 얘기하는 것이 아닌 '가상 대면'이지만, 화면 저편에서 '사람의 온도'를 느끼면 현실과 마찬가지로 EC사이트에서도 물건을 구입하게 되는 것이다.

그렇기 때문에 작가도 팬클럽을 운영해나갈 필요가 있다. 사람과 사람이 직접 교류하는 것이다. 다만, 그런 정중한 커뮤니케이션을 주고받을 만한 시간적 여유가 없는 작가를 대신해 스태프들이 커뮤니케이션 매니지먼트를 한다.

팬이 작가에게 그의 작품에서 얼마나 큰 영향을 받았는지를 전달하거나 작가의 생일을 축하하는 기회를 만든다면 작가들은 그에 대한 보답으로 팬들에게 특별한 일러스트를 보낸다. 그 과정에서 작가와 팬의 관계는 더욱 돈독하고 따뜻해진다. 그것은 인터넷 시대에 들어서면서 처음으로 만들어진 문화다.

'귀찮은 일'을 해주는 사람을 어떻게 만들까

앞장에서 '귀찮음'의 기준이 점점 바뀌어간다는 이야기를 했다. 킨들이 등장하면서 두꺼운 책을 갖고 다니는 귀찮은 작업이 사라졌지만, 한편으로 나는 킨들을 조작하는 방법에 귀찮음을 느끼고 있다. 앞으로 전자책을 읽을 수 있는 리더기가 점점 개량되면서 귀찮음이 덜해질 테지만 인간은 또다시 새로운 귀찮음을 발견할 것이다. '귀찮음'과의 싸움은 끝이 없다.

'귀찮음'의 정의는 앞으로 어떻게 변해갈까? 콘텐츠 관련 일을 하는 사람으로서 나는 그 사실을 늘 머릿속에서 '시뮬레이션'하고 있다.

소설이나 만화는 사실 읽는 것 자체가 귀찮은 콘텐츠다. 마지막까지 다 읽으려면 끈기와 시간이 필요하다. 틀어놓으면 알아서 흘러가는 영상은 도중에 지루해지더라도 마지막까지 보기 십상이지만, 책은 덮어버리면 끝이다. 하지만 우리는 어떻게든 독자들에게 그 '귀찮은' 체험을 하도록 만들어야 한다. 그러려면 어떻게 해야 할까?

신기하게도 사람은 귀찮은 것을 피하려는 한편으로는 일부러 귀찮은 일을 하고 싶어하는 존재다.

캠프를 예로 들어보자. 텐트를 치거나 땔감을 주워 불을 지피는 등 귀찮은 일이 많은데도 사람들은 일부러 캠핑을 간다. 산을 오르거나 마라톤을 하거나 집에서 수제 베이컨을 만들기도 한다. SNS에 올라오는 글들을 봐도 일부러 하고 있다고 느낄 만한 귀찮은 일들이 넘쳐난다. '귀찮음'에는 합리적으로 설명하기 힘든 가치가 있다.

나는 '독자가 작가에게 직접 작품을 구입하는 구조'를 만들려고 한다. 여기서 중요한 점은 귀찮은 일들을 없애기 위해 편리한 방법을 찾아내는 게 아니다. 오히려 귀찮은 일들을 독자들이 즐겁게 생각하며 일부러 하고 싶다고 느낄 만한 구조를 만드는 것이다.

귀찮음에는 두 가지 종류가 있다. 기계가 대신해주었으면 하는 귀찮음과 스스로 하고 싶다고 느끼는 귀찮음이 그것이다. 이는 전성기 때의 파나소닉과 소니 제품의 차이와도 닮아 있다. 파나소닉의 백색가전은 사람들의 귀찮음을 해소하며 시간을 절약해준다. 한편으로 워크맨을 비롯한 소니의 상품들은 듣지 않아도 될 음악을 들려주는 등 일부러 귀찮은 일을 만들어 사람들이 시간을 소비하도록 이끌었다.

실은 사람들의 시간을 '절약하게 하는 것'보다는 '소비시키는 것'이 어려우며, 따라서 소니가 더 강력한 브랜드를 만들어낼 수 있었다.

엔터테인먼트는 일부러 귀찮은 일을 하도록 만드는 작업이다. 따라서 다른 상품에 비해 브랜드화하기 쉽다는 매우 큰 장점이 있지만, 그 장점을 살려 비즈니스를 하는 사람은 아직 많지 않다.

'물건'이 아닌
'작품'을 유통시키기 위해

통상적으로 상품은 '물건'으로 취급된다. 하지만 우리는 '물건'이 아닌 '작품'을 판매하려고 한다. 어떻게 하면 물건이 아닌 작품으로 판매할 수 있을까?

상품을 물건으로 판매하고 싶지 않은 이유는 물건은 가격 경쟁에 휩쓸려버리기 때문이다. 가전제품 판매점에서 파는 것은 작품이 아닌 물건이므로 당연히 가격이 싼 편이 선택되기 쉽다. 슈퍼마켓이나 편의점에서도 마찬가지다.

'작품'으로서 유통되고 있는 최고의 모델은 바로 애플 제품들이다. 사람들은 보통 휴대폰을 살 때 가격과 성능을 비교해 결정한다. 하지만 애플 스토어에 놓여 있으면 그 의미가 달라진다. 스티브 잡스의 팬들은 가격이 높아도 애플 스토어에서 물건을 구입한다. 이것은 무슨 의미일까. 잡스의 팬들에게 애플 제품은 싸게 사야 좋은 '물건'이 아니라 '작품'에 가깝기 때문이다.

코르크가 손대고 있는 콘텐츠는 '작품'으로 판매하려고 한다. 그러기 위해서는 판매점에 물건을 진열하는 방식을 취해선 안 된다. 예를 들어, 5분 만에 다 읽을 수 있는 작품이라도 작가는 3년에 걸쳐 만들었을 수 있다. 이 작품을 물건으로 취급하면 '5분 만에 읽을 수 있으니 30엔이면 괜찮겠지'라는 식으로 유통되고 만다.

한편 작품으로 유통된다면 작가가 들인 시간과 능력에 대한 대가를 인정받아 '5분 만에 읽을 수 있지만 3,000엔의 가치가 있다'고 생각할 것이다. 물건이 아닌 작품으로 인정받으려면 '작가가 독자에게 직접 판매하는' 구조를 만들어야 한다. 작가한테 직접 구입하는 작품은 아무도 물건이라고 생각하지 않기 때문이다. 때

나는 '독자가 작가에게 직접 작품을 구입하는 구조'를 만들려고 한다. 여기서 중요한 점은 귀찮은 일들을 없애기 위해 편리한 방법을 찾아내는 게 아니다. 오히려 귀찮은 일들을 독자들이 즐겁게 생각하며 일부러 하고 싶다고 느낄 만한 구조를 만드는 것이다.

문에 인터넷은 매우 효과적인 매체다.

애플의 대단한 점을 꼽으라고 하면 대번에 스티브 잡스의 고집
스러운 철학이나 아이폰 사용의 편리함을 떠올릴 것이다. 하지만
진짜 대단한 점은 애플 스토어를 만들어 팬들에게 직접 판매하는
시스템을 갖춤으로써 자신들의 상품을 '작품'으로 격상시킨 것
이다.

세상에 보여주고 싶은 것들을 판매하는 최선의 방법이 '새로운
판매 시스템'을 통해서라는 사실을 알아챈 것이 잡스의 가장 뛰
어난 점이라고 나는 생각한다.

'편집자가 불필요하다'는 논리는 맞는가

이 장에서는 내가 편집자로서 무엇을 고민하고, 무엇을 생
각하며, 어떤 전략을 써왔는가를 이야기했다. 마지막으로 '편집
자 불필요론'에 관해 생각해보자.

인터넷 시대에는 편집자가 필요 없는 게 아닐까 하는 말들이
떠돈다. 소매점과 생산자가 직접 거래하면 중간상인이 필요 없다
는 생각과 마찬가지로, 작품과 독자의 중개인인 편집자도 필요
없지 않겠느냐는 논리다. 하지만 나는 인터넷 시대이기 때문에

더더욱 편집자가 필요하다고 생각한다.

내가 말하는 '편집자'란 단순히 작가한테 원고를 받아 인쇄소에 넘기는 좁은 의미의 편집자가 아니다. 본래, 편집자란 그 콘텐츠를 독자들에게 어떻게 전달할까를 연구하고 실행하는 프로듀서다. 콘텐츠의 내용만을 편집하는 게 아니라 어떻게 해서 그 작가를 세계에 알릴까, 다시 말해 콘텐츠라는 상품을 어떻게 더 많은 독자들에게 전달하여 수익을 창출할까 궁리해야만 한다.

인터넷 시대에 프로듀스와 수익 창출 능력이 편집자에게 더욱더 요구되는 이유는 무엇일까?

예를 들어 지금까지는 '언제 돈을 지불할까'가 결정되어 있었다. '결재 시점'은 늘 '소유권이 이동할 때'였다. 책이라는 물체의 소유권이 서점에서 독자에게 이동하는 시점에 돈을 지불하는 것이다. '내용을 읽고, 만족한 후'가 아니다. 레스토랑에서도, 차를 살 때도, 옷을 살 때도 돈을 지불하는 시점은 같았다.

하지만 인터넷 시대가 되면서 바뀌었다. 소셜 게임도 처음에는 무료로 이용하다가 즐기고 싶은 마음이 커지면 돈을 지불하고 아이템을 구입한다. 라인 뮤직처럼 정액권을 끊으면 마음껏 들을 수 있는 서비스도 늘어나고 있다.

이제 만화나 소설도 돈을 지불하는 순서가 바뀔 것이다. 미리보기를 제공하고 다음 내용을 읽고 싶을 때 결재를 하거나, 모두 무료로 읽게 한 뒤 관련 상품이나 작가와의 커뮤니케이션 등으로 수익을 올릴지도 모른다. 앞으로는 어느 시점에서 '돈 주세요'라고 부탁하면 독자가 기분 좋게 지갑을 열 것인가 하는 물음을 편집자가 원점에서부터 생각해야만 하는 것이다.

자연스러운 결제 시점이 언제일지는 작품에 따라 다르다. 때문에 작품을 깊이 파악하고 있는 편집자가 그것을 생각해야만 한다. 앞으로는 작품 만드는 것을 도우며 장인정신을 발휘하는 편집자가 아닌, 판매에도 관여하는 프로듀서 겸 편집자가 더욱더 필요해질 것이다.

편집자는 많은 사람을 알고 각각의 사람들이 가진 강점을 이해하여 프로젝트별로 사람들을 불러모아 기획을 실현시킨다. 하나의 프로젝트에 여러 사람이 관여하면 손익 조정이 필요해지는데, 그러한 것들을 프로젝트의 중심에 서서 지휘하는 것도 편집자의 일이다.

100여 년 전에 고단샤라는 큰 출판사를 세운 노마 세이지와 『분게이슌슈文藝春秋』라는 잡지와 회사를 설립한 기쿠치 칸은 그 당시에 가장 잘 맞는, 시대가 요구하는 새로운 비즈니스 모델을 발견했다. 그들은 잡지나 회사를 만들었을 뿐 아니라 공동으로 출자하여 '중개'라는 구조를 만들었다. 책을 파는 서점을 체계적으로 관리하고, 수송부터 수금까지의 일련의 유통 흐름을 구축함으로써 콘텐츠를 만드는 데서 전달하기까지의 구조를 완성한 것이다.

좀 더 나은 시스템이 만들어지면서 책을 읽고 싶은 수많은 독자의 욕구에 훌륭하게 답할 수 있었다. 그 결과, 그 시스템 안에서 일하는 사람들은 100년 동안이나 과감한 개혁의 필요성을 느끼지 못하며 안정적으로 일할 수 있었다.

하지만 시대가 변했다. 지금까지의 시스템은 새로운 시대의 요구에 화답하지 못하고 있으며, 인터넷에서도 아직 확고한 비즈니스 모델이 생겨나지 못했다. 이런 상황 속에서 편집자는 지금까지의 업무 방식에서 탈피해 서둘러 새로운 업무 시스템을 구축해야 하는 단계에 직면해 있다.

내가 말하는 '편집자'란 단순히 작가한테 원고를 받아 인쇄소에 넘기는 좁은 의미의 편집자가 아니다. 본래, 편집자란 그 콘텐츠를 독자들에게 어떻게 전달할까를 연구하고 실행하는 프로듀서다. 콘텐츠의 내용만을 편집하는 게 아니라 어떻게 해서 그 작가를 세계에 알릴까, 다시 말해 콘텐츠라는 상품을 어떻게 더 많은 독자들에게 전달하여 수익을 창출할까 궁리해야만 한다.

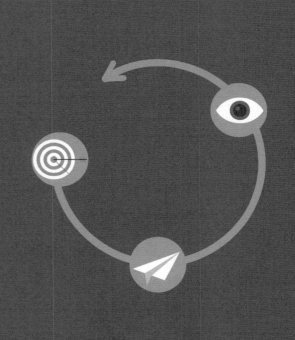

PART 4

'도미노의 첫 장'을 넘어뜨려라

멀리 있는 골까지 도달하기 위한 기본의 중요성

혼자 하는 업무에서는 물론, 비즈니스를 확장해 사회를 움직이고 싶을 때에도 도미노를 의식할 필요가 있다. 마지막에 넘어뜨리고 싶은 도미노를 파악하고, 그것을 넘어뜨리기 위해서는 어떤 도미노부터 넘어뜨려야 할지 그 '열쇠가 되는 첫 장'을 철저하게 공략해야 한다.

'기본 철칙'이 멀리까지 날아가기 위한 최단 루트

지금까지 '가설'을 주제로 가설이란 무엇인가, 그리고 나는 어떤 가설을 세우고 있는가를 이야기했다.

이번 장에서는 조금 다른 이야기지만 '가설을 세우는 것' 못지않게 중요한 '도미노의 첫 장 쓰러뜨리기'를 생각해보겠다. 이 주제는 마지막까지 이 책의 제목으로 고민했을 정도로 나에게 아주 중요한 것이다.

나는 일을 할 때 늘 도미노를 쓰러뜨리는 장면을 상상한다. 한 장의 도미노를 쓰러뜨리면, 다음에는 어떤 도미노가 쓰러질지를 항상 의식하며 일한다. 일회성 일을 끝없이 반복하면서 목표에 접근하는 것은 정신력이 아무리 강력해도 쉽지 않다. 하지만 지금 하는 일이 다음 일로 이어질 수 있는 '연쇄 작용을 일으키는 업무'라면 일하고 싶은 마음도 자연스럽게 지속될 것이다. 그럼 지속적으로 의욕을 가질 수 있는 구조는 어떻게 만들 수 있을까?

일을 잘하고 싶은 의욕이 넘치는 신입사원 시절, 먼저 무엇을 하면 될까? 분명 인정을 받으려면 무언가 큰일을 할 필요가 있다고 생각하는 사람이 많을 것이다.

내가 신입사원 시절에 중요하게 생각했던 것은 전화 받기와 팩스 서류 전달하기였다. 이 두 가지를 제대로 하면 그다음 도미노를 차례차례 쓰러뜨릴 수 있기 때문이다. 나는 첫 번째 도미노를 철저하게 공략하자고 생각했다. 전화를 받거나 팩스 서류를 전달하는 일은 잡무에 지나지 않으니 빨리 후배에게 물려주고 싶다고 생각하기 마련이다. 하지만 나는 그 두 가지를 시간 나는 대로 몇 년에 걸쳐 해왔다.

신입사원이 팩스 서류를 전달하면 그 층에 있는 모든 직원의 얼굴을 금방 외울 수 있으며, 상대방도 내 얼굴을 외운다. 그때 인사를 하거나 잡담을 하면서 자연스럽게 일에 관한 정보를 얻을 수 있다. 나아가 팩스를 보낸 사람의 이름과 내용을 슬쩍 볼 수 있어 누가 외부의 어떤 사람들과 어느 정도로 만나고 있는가를 추측할 수 있다. 선배들이 직접 일을 가르쳐주지 않아도 그런 정보들을 통해 선배들의 일을 상상하면 자신이 할 일도 빠르게 이해할 수 있다.

최근에는 개인 메일이나 휴대전화가 팩스나 전화를 대체했지만 잡무는 어떻게 활용하느냐에 따라서 상상 이상의 정보를 제공해준다.

이처럼 혼자 하는 업무에서는 물론, 비즈니스를 확장해 사회를 움직이고 싶을 때에도 도미노를 의식할 필요가 있다. 마지막에 넘어뜨리고 싶은 도미노를 파악하고, 그것을 넘어뜨리기 위해서는 어떤 도미노부터 넘어뜨려야 할지 그 '열쇠가 되는 첫 장'을 철저하게 공략해야 한다.

최대한 많은 도미노를 넘어뜨리려고 기를 쓰는 사람들이 많다. 하지만 넘어뜨린 도미노의 바로 뒤에 이어지는 도미노가 없다면 아무리 공을 들여도 커다란 변화는 일어나지 않는다. 도저히 넘어뜨릴 수 없을 것 같은 커다란 도미노를 목숨을 걸고 넘어뜨리려는 사람도 있다. 하지만 눈앞의 작은 도미노도 넘어뜨리지 못한 상태에서 갑자기 커다란 도미노를 넘어뜨리기란 불가능하다.

연쇄 작용을 일으키는 도미노를 제대로 넘어뜨리면, 확실히 변화가 일어난다. 그러면 '그 열쇠가 되는 첫 장'이란 어떤 것일까? 바로 '기본'이다. 기본을 철저히 완수하면 자연스럽게 도미노가 넘어가며, 어느새 매우 큰일을 실현하고 있을 것이다.

고교 시절의 체험을 통해 처음으로 그런 생각을 하게 되었다.

나는 부모님 일 때문에 중학 시절을 남아프리카 요하네스버그에서 보냈다. 입학 시험을 치렀지만 합격하지 못해 남아프리카에서는 일본인 학교에 다녔다. 당연한 얘기지만 주변에는 학원은커녕 서점조차 없었다. 가진 건 학교에서 쓰는 교과서뿐. '이런 환경 속에 있으면 일본에서 좋은 학원에 다니는 학생들에게 절대로 이길 수 없겠지. 실력 차이가 엄청 날 거야'라는 생각이 들었다. 할 수 없이 교과서만으로 공부했다.

한 반이 고작 10명밖에 안 됐는데, 항상 성적으로 경쟁하던 친구가 있었다. 우리 둘은 치열하게 경쟁하면서도 '이렇게 좁은 곳에서 아무리 일등을 해도 일본에 돌아가면 경쟁 상대가 못 될 거야'라고 생각했다.

그러나 일본에 돌아온 후 꽤 좋은 성적을 낼 수 있었고, 명문 고교에 진학하라는 입시학원의 추천을 받고 스스로도 깜짝 놀랐다. '우물 안 개구리'라는 말이 무색하게도 우물 안에서 경쟁한 것이 바다에 나가서도 통했던 것이다. 참고로 나와 라이벌이었던 친구 역시 나와 함께 명문인 나다고교에 합격할 수 있었다.

일본은 정보가 너무 많아, 지나치게 많은 것들을 시험한다. 남아프리카에는 정보가 부족한 덕분에 오히려 기본에 집중할 수 있었다. 학원이나 다른 교재를 기웃거리지 않고, 한결같이 교과서라는 기본만 가지고 공부했다. 남아프리카의 폐쇄된 환경이 오히려 도움이 된 것이다.

남아프리카에서의 체험을 통해 기본이 참 중요하고, 기본을 탄탄하게 쌓으면 큰 힘을 발휘한다는 것을 실감했다. 또한 이때의 체험이 주변 분위기에 휩쓸리지 않는 성격도 만들어주었다.

『드래곤 사쿠라』를 작업하면서 수학 공부법에 관해 취재할 때의 일이었다. '어렸을 때는 수학을 잘했는데 언젠가부터 못하게 되었다'는 사람이 많다. 그런 사람들의 공통점은 계산문제를 많이 풀지 않게 되면서 수학이 싫어졌다는 것이다.

초등학생 시절까지는 모두 계산 연습이나 계산문제 숙제에 힘을 쏟는다. 수학을 잘하지 못한다고 해도 덧셈, 뺄셈, 곱셈, 구구단을 못하는 사람은 거의 없다. 초등학생들은 대부분 반복적으로 계산문제를 풀기 때문이다. 그런데 중학생이 되면 추상도가 높은 수학적 사고를 설명하는 수업이 늘어나, 초등학생처럼 단순한 계산문제를 풀지 않는다. 그러다 보니 점점 수학을 못하게 되는 것이다.

취재를 위해 만난 선생님이 지적해준 내용은 무척 흥미로웠다. 단순히 계산 속도가 느려서 문제를 풀지 못할 뿐인데, 어렵고 혼자 풀기 힘든 문제라고 믿으면서 수학에서 멀어진다는 것이다. 따라서 중학교나 고등학교에서 계산문제를 좀 더 많이 풀어 계산력만 높여도 수학 실력은 눈에 띄게 좋아진다. 계산문제를 풀지 않아 수학의 기초 체력이 떨어진 학생이 많다. 말하자면 근육 트레이닝이 뒷받침되지 않은 상태에서 갑자기 스포츠를 하니까 잘 못하겠다는 생각을 갖는 것과 같은 일이 일어나는 것이다.

영어 공부도 마찬가지다. 중학교에 입학한 지 얼마 안 돼서는 단어를 암기하거나 기초 문법에만 힘쓰면 되지만 점점 단어를 공부하지 않게 되면서, 문법 공부나 장문을 독해하는 데 시간이 더 많이 걸린다. 그러면 영어가 어렵게 느껴지기 시작한다. '영어를 못한다'는 사람의 대부분은 단어를 외우지 않는 데 그 원인이 있다.

공부를 하거나 일을 할 때 가장 강한 사람은 '최강 초보'다. 자만하지 않고 적절한 불안과 향상심을 가지며 꾸준히 노력하는 사람. 어중간한 프로의식을 갖지 말고 항상 '초보'의 마음으로 도전정신을 갖춘 사람. 기본을 우습게 보지 않고 철저히 하는 사람.

신인작가에게도 자주 하는 말이다. 나 자신도 영원히 '최강 초보'로 존재하고 싶다.

잘 그린 그림이 될지 아닐지는 '한 줄의 선'으로 알 수 있다

안노 모요코와 함께 우에노 미술관에 갔을 때의 일이다.

안노는 그림에 따라 감상하는 시간이 전혀 달랐다. 어느 그림은 오랫동안 바라보는가 하면, 어느 그림 앞에서는 거의 멈춰 서지도 않았다. 무엇을 기준으로 자세히 보느냐고 물었더니 안노는 어느 데생 앞에 멈춰 서서 설명해주었다.

"이 사람의 데생에는 선에 망설임이 많으니 별로 잘 그린 그림이 아니에요."

그림을 잘 그린다는 것은 어떤 것일까? 그림을 못 그리는 나는 구도나 색감 등 알기 쉬운 커다란 부분들에 주목하지만, 그림을 그리는 사람은 기본 중의 기본, '한 줄의 선'으로 판단한다. 단 한 줄의 선에 작가의 실력이 드러난다.

그림 그리는 기술이 늘었다는 것은 실은 한 줄의 선을 아름답게 그릴 수 있다는 뜻이다. 그 뒤로 나도 그림을 보는 방법을 바꿔, 선이 깔끔한지 아닌지부터 보게 되었다.

신인 만화가 하가 쇼이치의 그림 실력을 높이기 위해 코야마 추야를 어시스트하라고 시킨 적이 있다. 코야마는 하가의 실력을 가늠하기 위해 과제를 냈다. 나는 여러 작가가 자신의 어시스턴트나 신인에게 그림 실력을 높이기 위해 과제를 내는 것을 봤는데, 코야마가 낸 과제는 단순하고도 기초적인 것이었다.

다른 작가들은 대부분 그리기 어려운 과제를 출제해 그걸 해낼 수 있는지를 보고 실력을 판단한다. 하지만 코야마의 과제는 이런 식이었다.

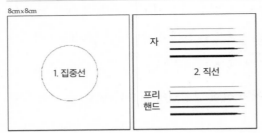

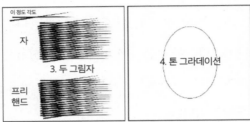

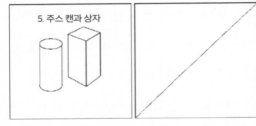

8cm×8cm

1. 집중선

자
2. 직선
프리
핸드

이 정도 각도
자
3. 두 그림자
프리
핸드

4. 톤 그라데이션

5. 주스 캔과 상자

- 과제는 이상으로 5가지. 각각 원고지에 8cm X 8cm 칸을 그리며 테두리선도 그릴 것.
- 비어져나온 것들은 화이트로 수정할 것. 각각의 작업 시간도 기입해둘 것.
- 5개의 칸을 각각 잘라서 작업해도 좋다.

[과제 1]
집중선을 그리시오.
<5화째> 131쪽의 3번째 컷(소년 뭇타가 트럼펫을 부는 컷)의 중심선을 참고로 화면 중앙에 점을 찍어서.
- 굵게 시작해서 얇게 빠져나가는 선으로
- 중앙에 있는 원 부근부터 가늘게 빠지도록

[과제 2]
직선을 그리시오.
둥근 펜이나 G펜을 사용해 매우 얇음, 얇음, 중간, 두꺼움, 매우 두꺼움의 5가지 선을 그린다.
- 자로 5줄, 프리 핸드로 5줄 합계 10줄
- 길이는 5센티미터 정도
- 마지막에는 빠져나가는 느낌이 드는 선으로

[과제 3]
두 그림자를 그리시오.
<2화째> 85쪽(뭇타가 트럼펫을 부는 컷)에서 뭇타의 그림자를 참고로
- 자와 프리 핸드 2패턴
- 선의 수는 적당히

[과제 4]
톤 그라데이션을 그리시오.
<?화째> 98쪽의 4번째 컷 "인생 따위……"의 말풍선 칸을 참고로.
- 톤은 61이나 62번을 사용할 것
- 타원의 말풍선을 만든다

[과제 5]
캔 주스와 상자를 그리시오.
캔 주스와 그 캔이 딱 맞게 들어갈 만한 상자를 그린다.
- 캔 주스는 실물을 보고 형태만 그린다(로고, 모양은 불필요)
- 펜으로만(톤 마무리는 불필요)
- 2점 투시를 사용해 같은 지면에 놓여 있는 것처럼 그린다.
- 배치, 눈높이는 자유

코야마는 직선과 비스듬한 선을 어떻게 그리는지 확인했다. 그것을 보면 펜을 얼마나 잘 사용하는지 알 수 있기 때문이다. 그런데 왜 '캔'을 그리라고 했느냐고 물으니 캔 위에 달린 고리 부분은 그리기가 까다로워서 제대로 관찰하면서 그리지 않으면 리얼리티를 살린 그림이 나오지 않기 때문이라고 한다.

펜을 잘 사용할 수 있고 관찰력이 있다면, 그림은 점점 더 좋아진다. 코야마가 작가로서 성장할 수 있었던 것은 무엇이 기본이며, 어떤 것을 연습하면 좋은지를 잘 알았기 때문이다.

코야마가 성장했음을 느꼈던 에피소드가 있다.

신인 시절 코야마의 그림은 '프리 핸드(자, 콤퍼스 등 용구를 사용하지 않고 그리는 것 – 옮긴이)'였다. 프리 핸드 스타일의 그림은, 손맛이 있지만 세계적으로 성공을 거두기는 어렵다. 한눈에 보기에 깔끔한 선을 좋아하는 사람이 많기 때문이다. 그래서 코야마에게 자를 이용해 선을 깔끔하게 그리라고 조언했다. 그 뒤로 그는 자를 사용해 그림을 그렸는데, 『하루 점프』라는 작품을 만들고 있을 때 그의 어시스턴트가 사무실에 있는 자는 쓰기 힘들다고 불만을 터뜨렸다.

코야마에게 물으니 문구용 칼을 이용해 자에 매우 세밀하게 흠집을 내 울퉁불퉁하게 만들었다고 했다. 그 울퉁불퉁한 자를 사용하면 선을 올곧게 그려도 미묘한 흔들림이 남는다. 그 선의 '흔

공부를 하거나 일을 할 때 가장 강한 사람은 '최강 초보'다. 자만하지 않고 적절한 불안과 향상심을 가지며 꾸준히 노력하는 사람. 어중간한 프로의식을 갖지 말고 항상 '초보'의 마음으로 도전정신을 갖춘 사람. 기본을 우습게 보지 않고 철저히 하는 사람.

들림'은 언뜻 보면 눈에 띄지 않지만, 선에 볼륨이 생겨 손맛이 난다. 스스로 고민해 생각한 아이디어를 덧붙여 내가 조언한 '깔끔한 선'의 조건을 충족시킨 것이다. 지금까지 많은 신인 만화가를 담당해왔지만, 스스로 도구를 개발해 그림을 그린 사람은 코야마가 처음이었다.

그로부터 얼마 후 『우주형제』를 그리기 시작했을 때 "아직도 그 울퉁불퉁한 자를 쓰고 있어요?"라고 물으니 "평범한 자로도 제가 그리고 싶은 선을 그릴 수 있어서 이제 안 써요"라고 대답했다. 스스로 고민한 것을 과감히 버리고 성장하려는 자세가 역시 프로답다는 생각이 들었다. 코야마가 신인 시절부터 착실히 성장할 수 있었던 원동력은 편하게 그리겠다고 생각하지 않고 기본기를 확실히 하는 노력을 거듭했기 때문이다.

많은 사람이 소홀히 하기 쉬운 '따라 하기'

'따라 하기'는 기본을 몸에 익히는 데 매우 효과적인 방법이다.

하지만 신인 만화가는 따라 하는 것을 싫어한다. 만화 세계에서는 독창성 있는 작가만이 살아남는 것은 확실하지만, '따라 한 작품을 발표하는 것'과 '따라 하면서 훈련하는 것'은 전혀 다르다. 따라 하면서 기초적인 힘을 자신의 것으로 만드는 사람만이 자기만의 개성을 살린 작품을 그릴 수 있다. 계산력이 있는 사람만이 서술형 문제를 풀 수 있는 것과 마찬가지다.

물론 신인에게는 따라 하는 일도 쉽지 않다. 제대로 따라 할 수 있도록 노력하면서 원래 그림과의 차이를 비교하며 성장해나가는 것이다. 신인이 자기가 그리고 싶은 대로만 그리면 오히려 잘못된 습관이 몸에 밴다. 멀리 돌아가는 것이라고, 쓸데없는 일이라고 생각하기 쉬운 '모사'를 해보는 것이 중요하다.

또한 내가 신인들에게 자주 내는 과제 중에 이런 것이 있다. 좋아하는 단편이나 만화의 1화 분량을 다섯 번 정도 정독하게 한다. 그러고 나서 그 내용을 최대한 기억해내어 완전히 똑같은 이야기가 되도록 재현해보는 것이다. 매우 어려운 과제이지만 이런 과정을 거치면서 다른 만화가가 어떤 식으로 리듬을 만드는가를 깨닫는다.

만화에는 언뜻 보기에 이야기를 전개하는 데 그리 중요할 것 같지 않은 경치를 그린 컷들이 있다. 장면 전환이나 시간 경과 등을 자연스럽게 전달하기 위해 그린 컷들인데, 줄거리나 대사만 기억한다면 그런 컷을 재현할 수 없다. 이러한 훈련으로 기초 실력을 쌓으면, 자신이 그리고 싶은 것을 표현할 수 있다.

우리는 자신의 개성이나 강점을 스스로 찾아내기 어렵다. 따라 하는 행위는 타인이 되는 것이 아니라, 타인과의 비교를 통해 자신의 개성과 강점을 찾아내는 방법이다.

'제대로 보기'가 모든 것의 출발점

최고 만화가, 최고 경영자를 만나면 늘 같은 느낌이 든다. 그들과 일상적인 대화를 나누다 보면 '그런 부분까지 보고 있었구나!' 하고 생각할 때가 매우 많다. 보통 사람이 눈치채지 못하는 작은 '뒤틀림'이나 '아름다움'을 최고인 사람들은 알아차린다. 아무도 읽어본 적 없는 이야기를 만드는 사람도, 누구도 상상하지 못한 사회를 실현하는 경영자도, '상상력'보다는 '관찰력'이 더 우수하다.

나는 신인 만화가에게 표현력을 익히기 전에 관찰력을 갖추라고 조언한다. 표현하기 위해선 그 근본이 되는 소재를 '관찰하는 힘'이 필요하기 때문이다. 신인의 작품을 읽을 때 나는 작품의 재미보다 관찰력이 있는지를 중점적으로 확인한다.

많은 신인 작가가 그리는 만화는 '현실'을 관찰해 그린 것이 아니라 '만화'를 보고 그린 것이다. 만화를 보고 그린 만화가 등장

인물의 표현도 깔끔하고 읽기 쉽다. 하지만 만화를 보고 그리는 사람은 성장 가능성이 없다. 설령 그 한 작품이 재미있다고 해도 관찰하는 양이 적어 머릿속에 정보량이 부족하기 때문에 앞으로 재미있는 이야기를 꾸준히 만들어내기가 어렵다.

관찰력이 있는 사람은 노력을 거듭하다 보면 어느 순간 표현력을 몸에 익힌다. 그 반대로, 관찰력이 없는 사람은 좋은 표현을 계속해서 할 수 없다.

현재 코르크에서 양성하고 있는 하가 쇼이치에게는 〈오늘의 코르크〉라는 한 장 만화를 거의 날마다 그려 인터넷에 발표하게 했다. 코르크 사무실에서 일어난 작은 사건이나 발견을 만화로 그리도록 한 것이다.

신인이 중편의 스토리를 흥미롭게 완성해내기란 상당히 어려운 일이다. 그렇다고 해서 작품을 그리지도 않고 몇 개월에 걸쳐 이야기만 생각해도 성장하지 않는다. 관찰력을 갈고닦는 훈련과 함께 한 장 만화를 그리는 것이 지속적으로 실력을 쌓을 수 있는 좋은 방법이다.

이 방법으로 관찰력과 함께 정보를 채울 수 있는 표현력도 훈련할 수 있다. 그러고 나서 중편 만화를 그리면 한 장 만화보다도 더욱 정보가 들어간 이야기를 만들 수 있다. 관찰력은 기초 능력이다. 어학에서 어휘 같은 것이다. 어휘가 늘어날수록 문법이 부족하더라도 이야기할 수 있는 화제가 늘어난다.

마찬가지로, 관찰력이 오를수록 같은 것을 봐도 다른 사람과 다르게 보며, 시간을 매우 알차게 쓸 수 있다. 풍경이나 세상의 이치, 사람의 마음을 관찰하면서 눈에 보이지 않는 미묘한 변화나 재미를 눈치챌 수 있다. 그 단계에 들어선 작가는 나날이 최고를 향해 성장해간다.

그렇다면 어떻게 해야 관찰력을 높일 수 있을까?

무언가를 볼 때 주목해야 할 점을 바꾸라는 뜻이 아니다. 우리는 평소 제대로 본다고 생각하지만 거의 아무것도 보지 못하고 있다. 나중에 "아까 뭐가 있었지?" 하고 물어보면 막연하게 기억하는 경우가 많을 것이다. 그것을 의식하는 데서부터 관찰력이 시작된다.

우리 중 대부분은 보고 싶은 것만 본다. 현실을 거의 보고 있지 않다는 사실을 깨달을 때부터 관찰력이 향상된다.

'노력한다'는 최소한의 기본

『모닝』 편집부에 있을 때 많은 신인 만화가와 만났다. '더 닦으면 빛날 것 같다'는 느낌이 들면 "새로운 작품은 밑그림만으

최고 만화가, 최고 경영자를 만나면 늘 같은 느낌이 든다. 그들과 일상적인 대화를 나누다 보면 '그런 부분까지 보고 있었구나!' 하고 생각할 때가 매우 많다. 보통 사람이 눈치 채지 못하는 작은 '뒤틀림'이나 '아름다움'을 최고인 사람들은 알아차린다. 아무도 읽어본 적 없는 이야기를 만드는 사람도, 누구도 상상하지 못한 사회를 실현하는 경영자도, '상상력'보다는 '관찰력'이 더 우수하다.

로도 괜찮으니까 바로 가져오세요" 하고 말했다. 하지만 진짜로 밑그림만 가지고 오는 경우는 몇 명에 지나지 않았다. 그중 한 사람이 코야마 추야였다.

당연한 얘기지만, 주간 연재를 하는 프로 만화가는 매주 새로운 작품을 창작하고 있다. 때로는 대폭 수정하거나 한 주간의 작품을 위해 40~50쪽 분량의 스토리를 만들 때도 있다. 그다음으로 만들어진 이야기에 펜 선을 넣는다. 그 과정을 반복하면서 스토리를 만드는 기술도, 그림을 그리는 기술도 점점 늘어간다. 베테랑들도 그 정도로 노력하고 있는 것이다.

그것을 따라잡아야만 하는 신인에게는, 그 이상의 노력이 필요하다. 인터넷상에는 연재할 수 있는 틀은 무한하지만, 지면은 제한되어 있다. 베테랑에게서 자신의 몫을 빼앗아야 하는 것이다. 노력하면 빛날 재능이 있는 사람은 많이 만났지만, 그중에 각오를 가지고 끝까지 갈고닦는 사람은 거의 없었다. 관찰력도 중요한 재능이지만 오랫동안 일하려면 노력을 지속하는 것도 중요한 자질이다.

목적 없이 '노력하는 일'은 정말로 쉽지 않다. 하루 이틀이라면 끈기로 이겨내겠지만 오랫동안 해야 한다면 무리가 따를 것이다. 인간이란 어쨌든 게으름을 피우는 동물이기 때문이다. 따라서 아예 구조적으로 게으름을 피우지 않도록, 노력을 계속할 수밖에 없도록 만드는 것이 중요하다.

나도 예전에는 종종 '내일은 진짜로 열심히 해야지!' 하고 습관적으로 다짐하곤 했다. 그런 버릇을 고친 것은 『드래곤 사쿠라』와 관련하여 취재하면서 얻은 지식 덕분이었다. 작중에서도 소개하고 있지만 '2중 목표'라는 사고법이 있다. 2중 목표란 무언가를할 때 '매일 반드시 할 수 있는 목표'와 '이론적인 목표' 두 가지를만드는 방법이다.

예를 들어 영어 단어를 외우고 싶다면 하루 한 번, 반드시 영어단어장을 손에 든다는 목표와 하루에 열 개씩 새로운 단어를 외운다는 목표를 잡는다. 이런 식으로 목표를 두 가지 세운다. 후자인 '단어 열 개를 외운다'는 목표를 매일 달성하기는 힘들 것이다. 며칠 동안 계속해서 하지 않으면 목표 자체가 무의미해진다.거기에 비해 '매일 단어장을 손에 든다'는 목표에는 거의 노력이필요 없다. 이런 목표라면 누구라도 계속할 수 있을 것이다.

'외워야 하는데'라고 생각하면 부담스럽지만 '단어장을 손에들기만 해도 된다'가 되면 행동으로 옮기는 데 부담이 상당히 적어질 것이다. 단어장을 손에 자주 들다 보면 자연히 읽어보는 횟수가 늘어면서 단어가 저절로 외워질 것이다. 그것을 반복하다보면 어느새 하루에 단어를 열 개 이상 외우고 있는 자신을 발견할 수 있을 것이다.

이런 방법은 일할 때에도 활용할 수 있다.

나는 '하루 한 번 반드시 내가 담당하고 있는 작품을 생각한다' 와 '작품을 많은 사람에게 알릴 수 있는 방법이나 더 재미있게 만들 수 있는 아이디어를 생각한다'는 두 가지 목표를 세우고 있다. 『우주형제』는 앞으로 어떤 것이 가능할까? 『오치비 상』의 매력을 어떤 방식으로 전할 수 있을까? 『텐프리즘』에서 느껴지는 두근거림을 어떻게 하면 독자들에게 알릴 수 있을까? 등 작품에 관해 생각하곤 한다.

실효성 있는 아이디어는 바로 만들 수 없다. 그렇다고 해서 시간을 내 집중적으로 생각한다고 해도 떠오르지 않는다. 다만, 떠오르지 않는다고 문제되지는 않는다. 이러한 물음을 하루도 빠짐없이 반복하는 것이 중요하다. 날마다 생각하다 보면 불현듯 여러 정보가 머릿속에서 연결되며 좋은 아이디어가 나온다.

인생을 변화시키려면 습관을 바꿀 수밖에 없다

월요일이면 늘 오전 7시 30분부터 직원들과 정례 미팅을 가진다. 그 주의 목표와 해야 할 일을 확인하는 것이다.

어느 주말, 이벤트를 치른 날과 아이가 태어난 시기가 마침 겹

친 적이 있다. 직원들이 "아기가 태어난 지도 얼마 안 됐고, 주말 이벤트도 있었으니 내일 회의는 취소하죠"라고 제안해서 직원들도 피곤할 테니 그렇게 하자며 쉬기로 결정했다.

하지만 나중에 이 결정이 과연 옳았을까 반성했다. 아주 작은 일이지만 습관을 잃어버리는 것이 이런 사소한 일에서 시작되는 것이 아닐까, 단 한 번 회의를 쉬는 것을 시작으로 모두 무너지는 게 아닐까 걱정되었다.

인간은 아무리 결심을 단단히 해도 크게 바뀌지 않는다. 바뀌기 위해서는 습관을 들일 필요가 있다. 습관으로 만들어 조금씩 달라지지 않으면 안 된다. 그렇게 꾸준히 앞으로 나아가다 보면, 장기적으로 볼 때 크게 전진할 수 있다. 방심하다간 습관이 간단히 사라지면서 현재 상태에서 벗어날 수 없다.

미팅을 하지 않는 이유가 이번에는 '아이가 태어나서', '주말에 일이 있었으니까'였지만, 앞으로도 그 이유는 얼마든지 생길 수 있다. '매일 노력하지 않는 이유'를 간단히 찾을 수 있는 것이다. 따라서 어떤 하나의 이유로 습관이 바뀐다면, 다음에는 습관을 바꿀 다른 이유를 간단하게 찾아낼 것이다. 임기응변을 발휘해 그때그때 대처하면 된다고 생각하는 사람도 있겠지만, 나는 그 일상을 유지하려고 최선을 다한다. 지속적으로 스스로를 엄격하게 다스리며 노력하는 수밖에 없다.

월요 미팅은 자세를 가다듬고 스스로의 시간을 어떻게 사용할지 다시 생각할 기회이며, 그 영향은 매우 크다. 때문에 '회의 한 번 날린 것뿐'이라고는 생각하지 않는다. 스케줄을 통제하면서 노력을 쌓아올려야 한다. 종종 스스로를 변화시키자는 생각에 "그래! 해보는 거야!" 하고 의욕을 불태우거나 기합을 넣는 사람들이 많지만, 그것만으로는 절대로 스스로를 바꿀 수 없다.

무엇보다 간단하고 확실한 방법은 '스케줄을 딱 맞춰두는 것'이다. 이날 이 시간에는 이런 일을 하자고 정해놓고 시간을 비워두면 그 스케줄에 따라서 스위치가 켜진다. 어쨌든 스스로를, 그리고 스스로의 의지를 믿지 않는 것이 중요하다. 많은 사람은 "나라면 괜찮아"라든가 "내가 진짜 할 마음만 먹으면 불가능은 없지"라면서 스스로를 절반밖에는 바라보고 있지 않다. 좋은 면만을 보려는 것이다. 그래서 '나는 땡땡이를 친다'든가 '나는 집중할 수 없다', '나는 노력을 지속하지 못한다' 같은 약한 부분은 보지 않는다.

젊은 직원들이 종종 '이번에야말로 다시 태어날 거야!' 하고 이야기하는데, 그렇게 기합을 넣기보다 날마다 노력하기 위해 시간을 사용하는 방법을 바꿔보는 것이 훨씬 더 간단히 다시 태어날 수 있는 길이다.

나는 자신 있어 보인다는 말을 자주 듣는 편인데 나만큼 스스로를 믿지 못하는 사람도 없을지 모르겠다. 의지의 힘을 믿지 않는 것이다. 나는 '의지'가 아니라 '습관'으로만 인생을 변화시킬 수 있다고 생각한다. 자신 있어 보이는 것은 스스로를 믿지 않는다는 태도를 주변 사람들에게 보여줄 필요가 없다고 생각하기 때문이다. 자신 없는 모습을 주변에 보여주는 것은 실패했을 때 비판받지 않기 위해서다. 도전하기도 전에 자기방어부터 하는 이런 태도는 그 누구도 행복하게 만들 수 없다.

또 한 가지, 환경을 바꾸는 것도 스스로를 변화시키는 데 효과적이다. 현재 코르크는 창업한 지 3년이 지나 두 번째로 이사하려고 새로운 사무실을 찾고 있다. 지금의 사무실을 써도 아직 여유는 있다. 하지만 지금의 상자 안에 있으면 이 상자에 딱 맞는 회사인 채로 성장이 늦어질 것이다. 더욱 큰 사무실로 이전하겠다는 목표를 세워 그 사무실이 활기 넘치는 장소가 되리라는 상상을 하면서 일한다. 그렇게 하면 성장할 수 있다. 아니, 그렇게 하지 않으면 성장할 수 없다.

내가 창업하려고 할 때 많은 사람이 "고단샤 안에 머물면서 개혁해나가면 좋지 않겠어요?"라든가, "대기업에 속해 있어야 할 수 있는 일이 더 많을 겁니다"라고 조언했다. 그들이 하는 말에 전적으로 동감한다.

하지만 나 자신을 돌이켜보면, 환경을 바꾸지 않으면 성장할 수 없었다. 다시 말해 내가 다니는 회사에 문제가 있었던 것이 아니라, 내가 다니는 회사가 머무르기에 너무나 편한 장소였던 것이 문제였다.

노력을 계속할 수 있는 습관을 유지하기 위해서는 <u>스스로에게 자극을 줄 수 있는 환경</u>에 몸을 둘 필요가 있다.

5년 후,
자신을 믿을 수 있을 것인가

앞에서 스스로의 의지를 과신하지 말며 습관에 따라 자신을 성장시키는 것이 중요하다고 말했다. 모순되는 말 같지만 그렇다고 해도 마지막에는 '스스로를 믿는 힘' 역시 중요하다고 말하고 싶다. 자신의 의지를 너무 믿어서도 안 되지만, 자신에 대한 믿음은 계속 유지해야 한다.

이 장의 마지막에서는 믿음에 관해 이야기하고자 한다.

세상 사람들은 '새로운 것'을 보고 크게 반응하지 않는다. 세상 사람이 반응하는 것은 기존의 틀에서 살짝 빗겨나간 '약간 새로운 것'이다. 따라서 '새로운 것'을 만드는 작가의 작품이 곧바로 세상에 받아들여지는 일은 좀처럼 일어나지 않는다.

나의 감각으로 이야기하자면, 3년을 지속하면 점차 세상이 받아들인다. "어? 사람들 반응이 예전하고 다른데?"라는 말이 나오기 시작하면서, 조금 더 노력할 만해진다. 그리고 폭발적인 관심을 받는 것이 5년쯤 되었을 때다. 『드래곤 사쿠라』도 『우주형제』도 모두 3년쯤 지났을 무렵부터 서서히 성공 조짐이 보였다.

1년 정도에 결말이 나지 않으면 포기하는 사람이 많다. 2년 정도 열심히 하는 사람도 상당히 적다. 3년 동안 자신을 믿고 계속해서 노력할 수 있는 사람은 거의 없다.

편집자가 하는 일의 중요한 부분은 아무도 믿지 않는 재능을 작가 본인과 함께 믿는 것이다. 결과나 숫자만을 보고 사람을 믿을지 결정하는 직종이 있지만, 편집자는 자신의 경험을 기초로 그 재능을 믿어야 한다.

그렇다고는 해도 '믿음을 지속한다'는 것은 매우 어려운 일이다. 작품의 판매 실적이 좋지 않으면 '내가 너무 쉽게 생각했나……' 하고 약해지는 경우가 나에게도 생긴다. 내 앞에서는 내색하지 않지만 작가도 그런 때가 있을 것이다. 하지만 한쪽이 불안할 때 다른 한쪽이 자신감을 가지고 있으면, 그와 같은 난국을 어떻게든 뛰어넘을 수 있다. 작가가 자신감을 잃었을 때 편집자가 작가에게 믿음을 보여준다면 작가는 자신감을 되찾는다. 그 반대인 경우도 있다.

'역시 나에겐 재능이 없다'고 자기 멋대로 결론 지으며 사라진 사람이 많다. 사실 훌륭한 재능을 갖고 있는 작가가 일을 포기하면 정말 안타깝다. 스스로를 굳게 믿는 작가와 작가를 계속해서 신뢰하는 편집자의 협업으로 베스트셀러가 태어난다.

코르크를 창업할 때 주변의 반대가 심했다. 부모님 역시 반대했다. 그러다 보니 이토록 반대하는 것이 '완전히 이 일에 빠져 있는 나에게 보이지 않는 중요한 함정'이 있기 때문은 아닐까 불안했다.

그때 내가 스스로를 믿을 수 있도록 힘을 준 사람이 바로 아내였다. 고민하는 나에게 "주변 사람들은 당신을 잘 모르잖아요. 부모님 눈에는 당신이 아직 어려 보이니까 대기업에 속해 있는 것이 비교적 훌륭하고 안전하다고 생각하시는 거죠. 저는 당신을, 그리고 당신의 10년 후, 20년 후를 믿어요. 또 당신이 즐거운 길을 가야 더 좋은 미래를 맞을 수 있다고 생각해요"라고 말해줬다. 그 격려 덕분에 나 자신에게 기대를 걸 수 있었다. 그리고 내가 마음놓고 일할 수 있도록, 아내는 적은 월급으로 생활할 수 있다는 것을 보여주기 위해 상징적으로 차를 팔아버렸다.

아내가 한 일과 마찬가지로 나는 누구보다도 작가 곁에 있으면서 작가가 하고 싶은 일을 이해한다. 작가의 뛰어난 재능을 알고 있는 내가 온 힘을 쏟아 작가를 신뢰할 때, 그들도 나에게 기대를 걸고 두근거리는 마음으로 일할 수 있을 것이다. 그런 환경을 정비하는 것이 편집자로서 내가 해야 할 일이다.

실효성 있는 아이디어는 바로 만들 수 없다. 그렇다고 해서 시간을 내 집중적으로 생각한다고 해도 떠오르지 않는다. 다만, 떠오르지 않는다고 문제되지는 않는다. 이러한 물음을 하루도 빠짐없이 반복하는 것이 중요하다. 날마다 생각하다 보면 불현듯 여러 정보가 머릿속에서 연결되며 좋은 아이디어가 나온다.

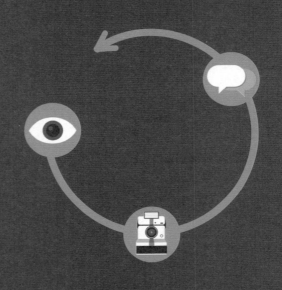

PART 5

불안도 질투심도
먼저 의심하라

'앞이 보이지 않는 시대'의 감정 제어

작은 불안에 유연해지고 커다란 위험요소를 평상심을 가지고 받아들인다면 좋겠다. 그러기 위해 내가 선택한 방법은 '자신의 감정을 믿지 않는 것'이다. 감정의 기복이 있는 것은 좋은 일이지만 결정하거나 지시할 때에는 스스로의 감정을 먼저 의심하고, 확인하고 나서 행동하려고 노력한다.

'자신의 감정'을
의심하라

가설을 세우고 실행한다. 그 과정에서 모이는 정보를 기초로 검증한다. 나는 이 사이클을 늘 의식한다. 이때 중요한 점은 온갖 편견에서 자유로워지는 태도다.

'상식'과 '나의 감정'이 주로 편견에서 비롯되지만, '상식'은 '우주인 시점'으로 사고하는 것이 효과적이라는 이야기를 앞에서 했다. 한편 '스스로의 감정'에서 비롯한 편견에서 자유로워지는 것은 정말 어려운 일로, 나 역시도 힘들어하는 부분이다.

제대로 되지 않을 때에는 무엇을 봐도 부정적인 사고에 사로잡혀버린다. 반대로 상황이 좋을 때는 대범해져 잘못 판단하기 일쑤다. 이 감정에서 오는 편견을 어떻게 하면 방지할 수 있을까?

창업한 뒤에는 걸핏하면 감정의 기복이 심해져서 어떻게 감정을 제어할 것인가가 나의 커다란 과제였다. 이전에는 스티브 잡스가 좌선에 빠졌다는 에피소드를 들어도 별생각이 없었다. 동양적인 사상이나 신비한 것을 좋아하나 보다 생각한 정도였다. 하지만 지금은 그 마음을 조금이나마 이해할 수 있다. 잡스는 스스로의 감정을 어떻게 다스리는가에 흥미가 있었던 것이다. '스티브 잡스도 고민을 많이 했구나' 생각하면 구원받는 기분이 든다.

'경영자'라고 하면 결정권이 있어서 자유로울 것 같지만 실제로는 그렇지 않다. 나쁜 정보가 밀려들어 매일 결단을 내리는 데 쫓긴다. 참을성과 인내를 요구하는 일이 90퍼센트이고 보람을 느끼는 일이 10퍼센트다. 그 10퍼센트의 보람이 말할 수 없이 크기에 즐겁게 일하지만 많은 시간을 온갖 스트레스에 시달리며 불안에 대처해야만 한다.

대부분의 불안은 익숙함으로 해소할 수 있지만 회사원 시절에는 작품을 만드는 데 집중했기 때문에 회사 경영에 따른 불안에는 좀처럼 익숙해지지 않는다. 특히 '자금 순환'은 예산 관리나 달성 수치 같은 것과 전혀 다른 감각으로 다가온다.

코르크는 사업이 순조롭게 나아가고 있으니 논리적으로는 불안해질 필요가 없지만, 세금을 납부한 뒤 월말 정산에 적자가 발생하면 불안에 사로잡힌다.

작은 불안에 유연해지고 커다란 위험요소를 평상심을 가지고 받아들인다면 좋겠다. 그러기 위해 내가 선택한 방법은 '자신의 감정을 믿지 않는 것'이다. 감정의 기복이 있는 것은 좋은 일이지만 결정하거나 지시할 때에는 스스로의 감정을 먼저 의심하고, 확인하고 나서 행동하려고 노력한다.

자신을 어느 정도 객관화할 수 있다면 감정의 영향을 덜 받을 수 있다. 나는 최근 웨어러블 디바이스(착용형 기기)를 사용해 심박수나 수면시간, 수면의 질 등을 측정하면서 스스로를 객관화하려고 하고 있다.

직원의 행동을 불안하게 느끼거나 부정적인 감정이 생기는 원인은 대체로 수면 부족이다. 철야 근무 등 원인을 알 수 있다면 누구나 눈치채겠지만 무심코 오는 수면 부족은 데이터로 관리하지 않으면 알 수 없다.

이 원고를 쓰고 있는 지금, 데이터를 체크해보니 다른 주보다도 평균 수면시간이 30분 적다. 그런 시기에 떠오르는 감정은 모두 일단 보류해두고 휴식을 취한 후에 어떻게 느끼는지 다시 한번 검토한다.

'단기적인 성과'에
좌우되지 않는다

코르크의 강점은 외부의 자금이 들어와 있지 않아 대기업이 할 수 없는 장기적인 시야로 전략을 세우는 일이 가능하다는 점이다. 해외사업이나 인터넷 전략은 매우 장기적인 사업으로 생각하려고 노력한다. 모두가 단기적으로는 힘든 일이라고 여겨 시도하지 않는 것을 해내는 것이 벤처의 가치라고 믿기 때문이다.

그래도 해외사업이나 인터넷 사업이 '할 만한 가치가 있을까?' 하고 불안을 느끼는 경우가 있다. 어떨 때 불안을 느끼는지 관찰해보니, '장기적인 전략으로 한다'고 결정해두고는 '단기적인 수익을 신경 쓰고 있을 때'였다.

목표란 안경과 같다. 자신의 눈에 맞지 않는 안경을 쓰면 경치가 일그러져 보이듯이, 올바른 안경을 쓰고 현재 상태를 분석해야 올바른 판단을 할 수 있다. '장기적'이라는 안경을 써야 할 때 '단기적'이라는 안경을 써버리면 쓸데없는 불안이 엄습한다.

불안은 사고를 편향되게 한다. 불안하면 그 불안을 지우기 위해 '이렇게 됐으면 좋겠다고 생각하는 현실'만 보인다. 실은 10년후, 20년후의 성과를 추구해야만 하는데 불안에 사로잡혀 바로얻을 수 있는 성과를 추구하는 것이다.

대부분의 불안은 내 안에 원인이 있다. 하지만 불안으로부터 자신을 지키려는 생각에 그 이유를 외부에서 찾으려고 한다. 그러면 불안해질 만한 정보를 배제해 자신한테 마음 편한 정보만 모으게 된다. 참으로 무서운 일이다.

나에게는 이런 장기 비전이 있다.

지금 세상은 효율과 절약을 끊임없이 추구하지만, 앞으로는 불필요한 것이나 오락을 추구할 것이다. 인터넷도 마찬가지다. 소니와 파나소닉의 예를 들었듯이, '시간을 절약하는 쪽에서 시간을 소비하는 쪽'으로 옮겨가는 시대가 반드시 찾아온다. 시간의 축을 예측하기는 어렵지만, 틀림없는 사실이다. 실제 세계에는 '필요에 의해 구입하는 것'과 '구입하는 것 자체가 오락인 것'이 있다.

인터넷 세계에서는 어떨까. 아마존이 목표로 하는 것은 궁극적인 시간 절약이다. 한편으로 라쿠텐이나 알리바바의 구조는 아마존과는 많이 다르다. 실제 세계와 마찬가지로 판매자와 소비자가 직접 소통할 수 있다. 시간을 절약하기 위해 인터넷 쇼핑을 하는 것이 아니라, 시간을 소비하며 쇼핑하는 것이다. 아마존이 '필요에 의해 구입하는 것'이라면 라쿠텐이나 알리바바는 '구입하는 것 자체가 오락'이라고 할 수 있다.

끝내는 시간을 소비해 물건을 구입하게 하는 쪽이 성장한다. 단, 시간 소비의 열쇠는 '소통'에 있다. 현재 인터넷상의 판매자와 소비자가 소통하는 것은 실제 생활에 비해 훨씬 불편하다. 이 의사소통의 문제가 해결된다면, 인터넷상의 매출은 폭발적으로 늘어날 것이다.

예를 들어 아마존의 킨들에서 시작한 전자책 서비스는 상품을 늘어놓기만 해도 시간 절약을 위한 판매 장소가 성립한다. 전자책 자체가 물리적인 무게를 없애는 등 효율을 중시해 설계되었기 때문에 거기엔 책 자체를 맛본다는 등의 시간 소비 발상이 들어 있지 않다.

지금 읽고 있는 이 책 같은 '비즈니스 서적'은 나의 강연회를 듣는 것보다 훨씬 빨리, 정확하게 정보를 얻을 수 있으므로 전자책으로 보기에 매우 편리할지도 모른다. 하지만 나와 의사소통을 하거나, 나의 인격을 알기 위해서는 책보단 강연회에 오는 편이 더 목적에 맞게 기능할 것이다.

지금 나는 '마그넷http://magnet.vc'이라는 서비스를 돕고 있다. 이 서비스는 작품을 통해 작가와 독자를 연결해주는 툴이다. 작가가 장소에 구애받지 않고 독자와 직접 연결돼 작품을 넘겨줄 수 있다. 책이라는 존재 자체가 '시간 소비'를 위한 것이다. 그렇다면 책을 구입하는 체험도 확장되어 '시간 소비'가 되는 편이 확실히 재미와 즐거움을 증가한다. 많은 사람이 책을 인터넷으로 구입할 때 아마존 같은 사이트에 접속한다. 다시 말해, 시장에 가서 책을 구입하며 그것이 당연하다고 여긴다.

마그넷은 그와 다르게 '작가한테 직접 만화를 구입하지 않겠어요?'라고 제안한다. 현실세계에서 작가한테 직접 작품을 구입하는 것은 어렵지만 인터넷 세계라면 간단히 작가와 이어질 수 있다. 그렇다면 작가한테서 바로 구입하는 편이 더 즐거우며, 새로운 재미도 생겨날 수 있다.

하지만 아직은 좀처럼 이용자가 늘어나지 않는 실정이다. 현재의 거래 습관과 너무 달라서 그 서비스를 어떻게 이용하면 좋을지 작가도 독자도 잘 모르기 때문인지도 모르겠다. 어떻게 하면 알기 쉬워질까? 그 문제를 해결하기 위해 하루하루 시행착오를 거치고 있다.

처음에는 이러한 상태에 불안을 느꼈다. 하지만 우리는 '단기적인 성과'를 원한 것이 아니다. 장기적인 노력을 염두에 두고 시작한 일이니 지금은 어색할지 몰라도 추구하는 방향은 틀린 게 아닐 것이다. 때문에 쓸데없는 불안을 느끼지 않기로 했다. 지금 느끼는 것은 '불안'이 아니라 '초조함'이다. 일을 빨리 실현시키고 싶어 생기는 초조함.

벤처는 결과가 바로 나올 만한 사업을 시도해서는 안 된다. 결과가 바로 나온다는 것은 새로운 것에 도전하지 않고 진입 장벽이 낮은 일을 하고 있다는 증거다. 이야기가 약간 벗어났지만 불안함 같은 감정적인 편향을 없애는 것이 얼마나 중요한지는 앞서 이야기했다.

어제보다는 오늘, 오늘보다는 내일, 조금이라도 더 나아간다면 그걸로 충분하다. 불안이란 '스스로를 믿지 않는' 상태를 말한다. 미래의 자신을 신뢰할 수 있다면 쓸데없는 불안은 훨씬 줄어들 것이다.

'하고 싶어서 하는 일'이 강한 이유

밀리언셀러가 된 『드래곤 사쿠라』나 『우주형제』도 처음부터 많은 사람에게 읽힌 것은 아니다. "어떤 마케팅을 해서 그렇게 된 겁니까?"라는 질문을 자주 받는데, 작가와 편집자가 자신들이 읽고 싶은 만화를 만든 것뿐이다. 무엇이 지금 시대와 맞을 것인가를 조사해, 거기에 맞춰 만든 작품이 아니다. 때문에 이것들이 받아들여지기까지 시간이 걸렸다. 지금 연재하고 있는, 돈을 테마로 한 작품 『인베스터Z』도 5권이 출간된 전후로 세상의 관심을 받아 움직이기 시작했다는 것을 실감했다.

일할 때에는 모두가 어떤 동기를 가지고 있을 것이라 생각한다. '어쨌든 돈을 벌고 싶다'든가, '성공하고 싶다', '인정받고 싶다'…… 이런 동기들은 확실히 소중하다. 하지만 한편으로 이런 종류의 동기에는 '돈을 벌 수 없다', '성공할 수 없다', '인정받을 수 없다'는 사태에 맞닥뜨렸을 때 계속할 수 없는 위험성이 숨겨져 있다.

회사의 신규 사업은 수익을 내는 것을 최우선으로 하는 경우가 많아, 싹이 트지 않으면 2~3년 만에 철수하는 경우가 대부분이다. 하지만 나의 경험에 비추어봤을 때 어떤 일이든 3년 만에 움트기 시작하며, 최소 5년을 계속하지 않으면 성과가 좀처럼 나오지 않는 법이다.

그렇다면 나는 무엇을 동기로 삼아 움직이고 있을까? 그것은 단 하나, '하고 싶다'는 동기다. '하고 싶다'는 동기를 지속시키기 위해 '돈을 버는 것' 역시 확실히 한다. '하고 싶다'는 동기가 가장 먼저이고, '돈을 번다'가 두 번째다. 이 순서라면 언제까지나 그만두지 않고 계속해서 일할 수 있다. 지속할 수 있는 것이 가장 큰 강점이다.

회사를 그만두겠다고 결정하고 나서 불안하지 않았느냐는 질문을 받기도 한다. 불안하지 않았다면 거짓말이겠지만 하고 싶은 것을 누구의 간섭도 받지 않고 계속할 수 있다는 두근거림이 이긴 것이다. '하고 싶어서 한다, 그래서 계속할 수 있다'는 생각이 바탕에 깔려 있다.

영어를 할 줄 아는 사람, 경리를 담당할 수 있는 사람, 법률을 아는 사람, 프로그램 언어를 쓸 수 있는 사람, 커뮤니케이션 능력이 있는 사람, 모두 귀중한 재능이다. 하지만 엔터테인먼트 관련 분야에서 가장 필요한 인재는 '하고 싶은 것이 있는 사람'이다. 그리고 하고 싶은 것이 있는 사람은 확실히 자신의 호불호를 잘 파악하고 있다. 호불호를 알고 있다는 것은 자신이 가진 욕망의 모습을 정확히 파악하고 있다는 뜻이다.

'무엇을 하고 싶은가?'를 파악해야 한다. 그러기 위해서는 자기 자신이 좋아하고 싫어하는 것을 이해해야 한다.

자신의 '호불호'를 파악하고 있는가

소설가나 만화가도 자신의 호불호를 파악하고 있다. 안노 모요코가 8년 만에 그린 작품『호색 신사 회고록』은 변태 신사를 그린 작품이다. '왜 변태 신사지?' 하고 생각하는 사람도 있겠지만 변태란 궁극적으로 자신이 좋아하는 것과 싫어하는 것을 이해하는 사람이다. 작중에 이런 말이 나온다.

"변태란, 눈을 감고 두 손으로 꽃병의 형태를 확인하듯 자기 욕

망의 윤곽을 그리며 그 형태를 정확하게 알아낸 사람들을 말한
다."

이런 표현은 자신이 좋아하고 싫어하는 것을 제대로 이해하고
있지 않으면 불가능하다. 안노는 작품을 쓰지 않았던 8년 동안,
자신이 하고 싶은 것이 무엇인지를 생각했다. 『호색 신사 회고록』
은 안노와 관계없는 스토리처럼 느껴지지만 본심이 담긴, 자신을
솔직하게 표현한 작품이다.

『우주형제』의 재미는 4권을 기준으로 몇 계단 수직 상승했다.
그전까지는 원고 시안을 수정해달라고 제안하는 일도 있었지만,
그 뒤로는 원고를 완벽하게 만들어낸 덕분에 일반 독자와 마찬가
지로 그다음 이야기를 기대하며 감상을 말해주는 정도로 작업이
진행되었다.

어떻게 그렇게 이야기를 만드는 데 능숙해졌을까? 그 성장의
비결을 알고 싶어 코야마에게 이유를 물어보니 이렇게 대답했다.

"예전에는 이야기를 만들어야 한다는 생각을 더 했어요. 그런
데 어느 순간 내가 뭘 좋아하고 뭘 싫어하며, 어떤 그림을 그리고
싶은가를 생각해야 한다는 사실을 깨달았죠. 독자들은 어떤 이야
기가 펼쳐지는 것을 좋아할까를 생각하기보다 내가 좋아하는 내
용을 펼치기로 했습니다. 그랬더니 독자들도 그쪽이 더 재미있는
모양입니다."

자신의 호불호를 알아내는 것은 정말로 중요하다. 너무 당연한 얘기 아니냐고 생각할지도 모르겠다. 하지만 자신이 무엇을 얼마나 좋아하는가를 다른 사람에게 설명하려는 순간 자기 스스로에 관해 무엇 하나 파악하지 않았다는 사실을 깨닫는다.

질투심을 에너지로 삼는 목표는 작을 수밖에 없다

질투심이나 분노, 억울한 기분 때문에 움직이는 사람도 많을 것이다. 나는 그런 '패배적인 감정'을 가능한 오랫동안 품지 않으려고 한다. 그러한 감정을 기초로 목표를 세우면 그 목표는 아무리 해도 작아질 수밖에 없다.

예를 들어 자신이 생각한 아이디어를 가로채 먼저 결과를 낸 사람이 있다고 하자. 그러면 '그 작품보다 더 많이 팔겠다!'라든가 '복수하겠다!'는 목표밖에 세울 수 없을 것이다. '저 녀석이 10만 부를 팔았으니 난 20만 부를 팔겠다!'라고 생각하면 20만 부가 팔린 시점에서 '통쾌하군!' 한마디 하고 끝나고 말 것이다.

패배한 에너지는 힘을 가지지만, 장기적으로 보면 그로 인해 이루어낸 성과는 의외로 작다. '더 좋은 세상을 만들고 싶다'거나

'사람을 즐겁게 하고 싶다'는 올바른 에너지를 가지는 쪽이 큰일을 실현시킬 수 있다. 올바른 에너지는 공감받기 쉬우며, 주변을 끌어들임으로써 더욱 큰일을 가능하게 한다.

그렇다고 해서 내가 질투를 하지 않는 건 아니다. 『진격의 거인』을 담당하고 있는 가와쿠보 신타로라는 편집자가 있다. 고단샤 후배로, 아주 뛰어난 친구라 그가 열심히 하는 모습을 보면서 나도 자극을 받는다.

가와쿠보와는 정기적으로 만나 식사를 한다. 그럴 때 서로 자기가 하고 있는 일에 관한 얘기나 생각을 주고받는다. 가와쿠보는 흡수력이 좋아 그 자리에서 들은 이야기를 보완해 자신만의 아이디어로 연결해버린다. 그런 흡수력과 실행력이 있는 사람은 매우 드물어 적극적으로 여러 정보를 공유하고 싶은 동시에 억울하다는 생각도 든다.

『진격의 거인』이라는 최고의 작품에 내가 생각하는 전략을 준다면 내가 그 전략을 쓰는 것보다 훨씬 더 좋은 효과를 낼 것이다. 그래도 솔직히 뭔가 억울한 기분이다. 그러다 보면 그런 아이디어는 나만 가지고 있는 편이 좋지 않을까 하는 속 좁은 생각이 꿈틀거린다. 그래서 한 발 물러나 생각해봤다.

'왜 억울하다고 생각했을까?' → '이 방법을 내가 실행해 내가 가장 돋보이고 싶었기 때문이다.' → '내가 정말로 하고 싶은 일은 눈에 띄는 것이 아니라 작품을 더욱 널리 알리는 것이다.' → '그 목표를 딱히 방해하는 것도 아니다.' → '나의 아이디어는 대중적인 작품에는 맞지만 그 반대에는 어울리지 않는 것이 명확해졌다.' → '아이디어 자체는 나쁘지 않지만 지금 내가 담당하는 작품에는 어울리지 않는다.' → '그렇다면 새로운 아이디어를 생각해보자.' 이런 식으로 생각이 발전했다.

아이디어는 세상이라는 바람과 만나 더욱 새로운 아이디어를 만들어낼 수 있다. 바람과 닿지 못하면 다음 아이디어로 나아가지 못하고, 같은 아이디어에 발목을 잡힌다. 비슷한 아이디어를 생각해내는 사람이 수백 명은 있다. 나만 그런 아이디어를 생각해내는 게 아니라 시대의 공기가 그러한 아이디어를 떠올리도록 이끈다. 그렇기 때문에 보완하기 위해 점점 세상과 공유하는 편이 결국은 자신을 위해서도 좋은 일이다.

질투는 내가 돋보이고 싶다거나, 훌륭하다는 평가를 받고 싶은 마음에서 생겨난다. 하지만 '나의 목표는 그것이 아니다'라고 냉정하게 분석할 수 있으면 그런 기분은 자연스레 사라진다.

가설이 없으면 미래는 바뀌지 않는다. 하지만 가설만으로는 아무것도 생겨나지 않는다. 그것을 실행하는 사람이 필요하며, 그런 인재를 구하기가 가설을 세우는 것보다 훨씬 더 어렵다. 가설을 세워 대단하다는 말을 듣고 싶은 것이 아니다. 가설을 통해 세상을 변화시키고 싶다. 그렇다면 자신이 생각하는 것을 다른 사람과 공유해 동료를 점점 늘려나가는 편이 좋다. 이 책을 쓰게 된 동기이기도 하다. 설령 나와 함께하지 않아도, 나와 생각을 공유하는 사람이 많이 생겨 내가 상상하는 미래가 빨리 온다면 그것만으로도 좋다는 것이 나의 가치관이다.

'100퍼센트 자신감을 가진 난쟁이'를 뇌 안에 늘려간다

스스로에게 자신감을 갖는 사람은 불안 같은 쓸데없는 감정에 얽매일 시간이 짧아져 무엇을 해도 잘되는 경향이 있다. 자신을 믿는 사람은 가고 싶은 장소까지 헤매지 않고 나아갈 수 있다. 나는 예전부터 '자신 있어 보인다'는 말을 종종 들어왔다. 그저 해외 유학파 학생이라면 흔히 취할 법한 태도 때문에 내가 그렇게 보였을 것이다. 그런데 실은 자신감이 부족했던 적이 많아 그런 이야기를 듣는 것이 신기하기만 했다.

하지만 『드래곤 사쿠라』와 관련하여 취재를 하면서 자신감 갖는 사고법을 알게 되었고, 그 방법대로 사고한 뒤부터 자신을 진정으로 믿을 수 있었다. '오야노치카라'라는 이름으로 육아책을 내고 있는 분이 가르쳐준 방법이다. 『드래곤 사쿠라』를 읽어보면 자세히 알 수 있지만 여기에서 간단히 소개하겠다.

　"영어를 할 줄 아나요?"라는 질문을 받으면 대부분은 "아니요" 라고 대답할 것이다. 여기에서 먼저, 머릿속에 난쟁이들이 있다 고 가정해보자. 작은 '당신'을 여럿 만드는 것이다.

　난쟁이인 '당신'들 중 하나는 'A로 시작하는 단어'만 외울 수 있다. 그에게 "A로 시작되는 단어는 자신 있니?" 하고 물어보면 "그럼!" 하고 대답할 것이다. A에서부터 시작하는 단어만 외우는 난쟁이이기 때문이다.

　그 옆에는 'B로 시작하는 단어만 외울 수 있는 당신'이 있다. 그 에게 "B로 시작되는 단어는 자신 있니?" 하고 물으면 "A도 잘해 냈으니까 나도 잘할 수 있어!"라고 대답할 것이다. 그렇게 시작하 면 C, D……Z까지 모두 자신감이 생길 것이다.

　그리고 그 옆에는 '가정법만 잘하면 되는 당신'이나 '관계대명 사만 잘하면 되는 당신'이 있다……. 이런 식으로 해나가면 문법 에도 자신 있을 것이다. 마지막으로 그 집합체들에게 "영어를 할 줄 아나요?" 하고 물어보면 모두가 "네!" 하고 대답할 것이다.

　영어 난쟁이에게 자신감이 생겼다면, 수학 난쟁이 역시 "그럼 나도 열심히 하면 잘할 수 있어"라고 생각하게 된다. 그렇게 난쟁 이의 자신감을 차츰 전염시키며 전체적인 자신감을 만들어내자.

난쟁이를 떠올려 자신감을 전염시키는 이 방법을 통해 나는 인생이 바뀌었다. 추천할 만한 사고법이다.

자신감이라고는 해도 무엇이든 다 할 수 있다는 자신감일 필요는 없으며, '하면 잘할 수 있다'는 자신감을 가지는 것이 중요하다. 자신 있다는 것은 모두 잘한다는 뜻이 아니다. 설령 무엇이든 다 할 수 있다고 생각하는 사람이 있다면, 그것은 가짜 자신감이다. 예를 들어 "나는 매번 베스트셀러를 만들 수 있다!"는 것은 가짜 자신감일뿐더러 있을 수도 없는 일이다. "세상의 모든 여자는 나를 좋아할걸!"이라고 생각하는 것과 마찬가지로 망상에 기초한 자신감이다.

나는 내가 좋아하는 작품은 성공할 때까지 온갖 노력을 지속할 수 있는 자신감을 가지고 있다. 따라서 성공하지 않았다고 해서 마음이 꺾여버리는 일은 없다. 실패하면 바로 사라지는 자신감은 자신감이 아닌 착각이다. 나는 어쨌든 자신을 신뢰하지 않아서 생기는 그런 착각을 머릿속에서 지워버리려고 한다. 올바른 자신감을 지닌다면, 곤란한 상황에서도 꺾이지 않고 헤쳐나갈 수 있다.

창업했을 때에도 자신감이 넘쳐 보였는지 많은 사람들에게 "치밀하게 짜놓은 비즈니스 모델이 있는 거죠?"라든가 "몇 년에 걸쳐 계획을 세웠나요?" 하는 이야기를 들었다. 물론 자신은 있었지만 앞으로 할 비즈니스에 자신이 있었던 것이 아니라 '지금까지도 미지의 세계에서 노력해왔으니 앞으로 다시 새로운 세계에 나아가도 노력할 수 있다'는 자신감이었다.

비즈니스 모델에 관해서는 '가설'에 지나지 않았으므로 올바른지 아닌지는 알 수 없다. 알 수 없기 때문에 도전할 필요가 있었다.

나는 내가 좋아하는 작품은 성공할 때까지 온갖 노력을 지속할 수 있는 자신감을 가지고 있다. 따라서 성공하지 않았다고 해서 마음이 꺾여버리는 일은 없다. 실패하면 바로 사라지는 자신감은 자신감이 아닌 착각이다. 나는 어쨌든 자신을 신뢰하지 않아서 생기는 그런 착각을 머릿속에서 지워버리려고 한다. 올바른 자신감을 지닌다면, 곤란한 상황에서도 꺾이지 않고 헤쳐나갈 수 있다.

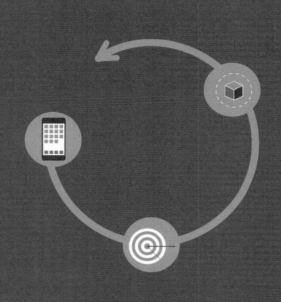

PART 6

일을 가지고 노는
톰 소여가 된다

인생을 최고로 즐기기 위한 사고법

현대는 그야말로 새로운 규칙이 만들어지는 시기다. 어떤 규칙이 사회를 좋게 만들 것인지 깊이 있게 생각해야 한다. 우리 세대는 '규칙을 만드는 즐거움'이 있는 동시에 '규칙을 만들 책임'이 있다. "규칙을 만들어내는 쪽이 되어라." 이 말은 주인공인 사쿠라기가 『드래곤 사쿠라』첫 부분에서 한 말이다.

우리의 규칙은
우리가 만든다

● 사회에 존재하는 규칙은 누군가가 만든 것이다.

만약 그 규칙 때문에 머물기 불편하다면, 주변을 설득하면서 규칙을 바꿔나가야 한다. 규칙이라고 해서 무조건적으로 따르면 되는 것이 아니다.

지금까지 비즈니스 세계에서는 산업별로 규칙이 존재해왔다. 자동차 산업, 소매업, 출판, TV……, 모두 다른 규칙으로 움직이고 있었다. 하지만 인터넷이 발달함에 따라 산업별로 항목이 애매해짐과 동시에 지금까지의 규칙이 기능하지 않게 되었다.

출판업계를 생각해보자. 지금까지 작가는 작품을 쓰면 원고료를 받는 것이 당연한 일이었다. 다만 이는 미디어가 콘텐츠를 가지고 광고를 모으는 것이 가능하거나, 2차 사용으로 이익을 낼 수 있다는 규칙 속에서만 성립해왔다. 현재 인터넷상에는 콘텐츠가 무수히 많아 아무리 좋은 작품을 만들었다 하더라도 다른 사람에게 보여주기 위해서는 만든 사람이 돈을 지불해야 하는 시대가 되고 있다. 이런 규칙의 변화를 깨달은 창작자는 아주 드물다.

현대는 그야말로 새로운 규칙이 만들어지는 시기다. 어떤 규칙이 사회를 좋게 만들 것인지 깊이 있게 생각해야 한다. 우리 세대는 '규칙을 만드는 즐거움'이 있는 동시에 '규칙을 만들 책임'이 있다. "규칙을 만들어내는 쪽이 되어라." 이 말은 주인공인 사쿠라기가 『드래곤 사쿠라』 첫 부분에서 한 말이다.

'규칙을 어떻게 만들 것인가'를 생각할 때 나는 미국의 영상산업을 떠올린다. 미국이 콘텐츠 산업의 강국이라는 사실은 누구나 인정하고 있다. 그 이유는 무엇일까? 영어가 세계 공통언어이기 때문이 아니다. 거기에는 좋은 산업을 키워내기 위한 규칙이 있다.

1970년 TV 3대 네트워크를 규제하는 '핀신룰Fin-Syn Rule'이 생겨났다. TV 방송국이 돈으로 제작회사가 만든 프로그램의 저작권을 살 수 없다는 규칙이다. TV 방송국은 전파를 독점적으로 사용하고 있으므로 제작회사와의 역학관계를 균등히 하기 위해 이러한 규칙을 만들었다. 현재는 대등한 역학관계를 이루고 있기 때문에 폐지되었지만, 건전한 콘텐츠 산업을 육성하는 데 핀신룰은 매우 커다란 역할을 했다. 고용 및 대우에서 격차가 큰 일본의 TV 방송국이나 제작회사와는 전혀 다른 관계가 미국에서는 생겨났다.

또 한 가지, 미국에서는 영화관을 운영하는 측과 제작회사가 같아서는 안 된다는 규칙도 있다. '영화관은 영화관만을 위한 회사로 존재하라'는 것이다. 일본에서는 제작회사인 토호東宝(영화 및 연극을 제작하고 배급하는 일본의 가장 대표적인 기업 – 옮긴이)가 영화관을 운영하기도 한다. 하지만 미국에서는 그렇게 하지 않는 편이 경쟁원리가 작용해 산업이 발전할 수 있다고 여겼다. 콘텐츠의 권리를 가지고 있는 측과 영화관이 같은 회사라면 자신들이 가진 콘텐츠만 상영해 건전한 경쟁관계가 이루어질 수 없다는 이유에서다.

만약 일본에도 같은 규칙이 있어, 제작회사가 만든 작품의 권리가 TV 방송국이 아닌 제작회사에 있고, 배급과 제작으로 나뉜다면 일본의 영상산업은 세계와 경쟁할 만한 역량을 갖출 수 있을 것이다.

스스로를 묶어두며 산업이 발전할 수 있는 규칙을 만든 사람은, 미래를 꿰뚫어보는 힘뿐 아니라 이타심도 함께 갖춘 사람들이었을 것이다. 규칙을 만든 사람은 자기 자신만의 이익을 챙기겠다는 것이 아니다. 이상적인 세계를 상상하며, 그것을 실현하기 위한 규칙을 만든 것이다.

그리고 현재, 세상의 규칙을 만드는 사람에게는 이타심이 요구

된다. 아마존이나 애플이 정비하고 있는 규칙은 디바이스나 플랫폼을 위한 규칙으로, 콘텐츠 산업의 미래를 떠받칠 만한 규칙은 아니다. 콘텐츠 산업에 종사하는 사람들은 이상적인 미래를 떠올리며 규칙을 만드는 쪽이 될 수 있을지 아닐지를 시험받고 있다.

단순히 쉽게 돈을 벌기 위해서라는 식의 규칙은 힘을 얻지 못한다. 인터넷이 발달한 이 세상에서 어떤 규칙을 만들어야 사회 전체가 행복해질지 생각해야 한다. 누군가가 디자인한 규칙을 따를 것인가, 아니면 스스로가 규칙을 만들 것인가. 나는 스스로 규칙을 만들 수 있는 쪽이 몇백 배는 더 즐겁다고 생각한다.

일본인은 '규칙을 지키는 것'을 미덕으로 삼는다. 하지만 나는 규칙을 지키려고 하기보다는 규칙을 바꾸고자 하는 사람이 더 멋있다고 생각한다. 규칙을 지키는 것을 미덕이라고 여기는 사람에게 나 같은 사람은 사회질서를 어지럽히는 존재로 보일지도 모르겠다. 하지만 인터넷같이 완전히 새로운 것이 나타나 사회가 크게 변화하는 시대에 기존의 규칙에만 얽매여 있으면 아무런 발전 가능성이 없다.

어떻게 하면 새로운 규칙을 만들 수 있을까? 이미 규칙이 있는 장소에서 새로운 규칙을 만들 수 있을까? 회사원 시절에는 조직의 절차를 성실하게 밟으면서 규칙을 바꾸려고 했다. 하지만 규칙은 좀처럼 바뀌지 않았고 우물쭈물하는 사이에 시대는 크게 변했다.

창업한 후 가장 신경 쓰는 점이 '새로운 규칙으로 행동한다'는 것이다. 새로운 규칙에 따라 행동하는 개인이나 조직이 점점 존재감을 늘려가면서 다른 사람이 '그런 방법도 있었네요' 하고 수긍하도록 하는 것이 가장 빠른 방법이란 사실을 깨달았다.

새로운 규칙에 따라 행동해본 뒤 '이쪽이 더 좋지 않을까' 하고 모두가 실감하면 규칙은 정말로 바뀐다. 사회적인 규칙뿐만 아니라 법률까지 변하는 경우도 있다. 모바일 택시 배차 서비스인 우버Uber나 개인주택이 비었을 때 여행객들에게 숙소로 빌려주는 서비스 에어비앤비Airbnb가 세계적으로 유행하고 있는데, 이미 많은 사람이 이러한 서비스를 이용하고 있어, 필수불가결한 서비스로 그 규칙을 변화시키고 있다.

코르크가 콘텐츠 산업의 규칙을 변화시키는 계기가 되기 위해서는 코르크가 많은 사람들에게 없어서는 안 될 존재가 되는 방법밖에 없다. 사회에 보탬이 되는 회사를 만드는 것이 가장 멀리 돌아가는 길처럼 보이지만 회사를 강하게 만드는 유일하고도 가장 빠른 길이다.

새로운 규칙으로 행동하며, 그것이 인정받아 많은 사람들에게 '좋은 규칙'으로 작용할 수 있는 그런 회사를 만들고 싶다.

리스크를 안은 만큼의
대가밖에 손에 넣을 수 없다

뛰어난 재능이 있지만 그에 걸맞은 보수를 받지 못하는 사람이 있다. 나는 '왜 그런 구조가 바뀌지 않을까?'를 줄곧 생각해왔다. 에이전트라고 하면 저작권료를 올리려고 교섭하는 사람이라는 이미지가 있지만 확실한 이유 없이 금전적인 교섭만 하는 것으로는 장기적인 사업 파트너를 찾지 못하니 의미가 없는 일이다.

작가 인세 10퍼센트는 저렴한 것일까? 출판이 불황에 빠져 10퍼센트는 너무 적다고 주장하는 작가도 생겨났는데, 그 인세는 부당한 것일까?

미국의 경우를 보면 6퍼센트에서 15퍼센트 사이에서 계약이 결정되므로 10퍼센트라는 일본의 인세 구조도 그렇게 나쁘지는 않아 보인다. 코르크를 경영하기 위해 다른 산업 비즈니스 모델을 조사했다는 이야기를 했는데, 제품의 생산 원가는 대부분 10~40퍼센트 정도다. 출판사도 책의 생산자라고 생각하면 책에는 인세 외에도 인쇄비, 디자인비, 편집비가 들어가므로 30~40퍼센트가 생산 원가라고 할 수 있다. 재판을 찍으면 이 비율이 크게 달라지지만 종합적으로 생각하면 인세 10퍼센트는 타당하다는 것이 코르크의 결론이다. 따라서 인세를 올리려고 교섭하는 게 아니라 다른 부분에서 작가의 수입을 얼마나 늘릴 것인가를 고민하게 되었다.

그렇다고 해도, 훌륭한 작품을 만들어내는 재능에 10퍼센트는 역시 적은 것이 아닐까? 0에서 1을 만들어내는 재능에는 부당한 것이 아닐까? 또다시 그런 의문을 가지는 사람들이 있을지도 모르겠다.

하지만 나는 이렇게 생각한다. 작가가 투자한 것이 '돈'이라면 10퍼센트라는 금액은 적을지도 모른다. 하지만 작가가 투자한 것은 '돈'이 아닌 '자신의 이름과 명예'다. 따라서 작가가 크게 성공하면 명예를 손에 넣으며, 사회적인 지위도 높아지고 유명해질 수 있다.

규칙이 바뀌는 중에도 변하지 않는 본질이 있다. 바로 '리스크를 안은 만큼의 대가밖에 손에 넣을 수 없다'는 원칙이다. 불만을 토로하는 사람 중에는 자신이 투자하지 않은 것을 돌려받겠다고 요구하는 경우가 많다. 금융업계의 이익률이 좋은 것은 금융업계 종사자가 특별히 뛰어나기 때문이 아니다. 돈을 투자하기 때문에 돈이 돌아오는 것이다. 그 밖의 산업에서는 다른 가치를 만들어내 그것을 돈으로 변환한다. 그만큼 투자 효과가 떨어질 수밖에 없다. 엔터테인먼트처럼 사람에게 즐거움을 주는 일이라면 그 보답으로 즐거움을 돌려받을 수 있다. 모든 것이 '돈'으로 돌아오는 것이 아니다.

'세상에서 누가 리스크를 안고 있는가', '무엇을 투자하고 있는 가'라는 시점으로 세상을 바라보면, 또 다른 세계가 보이기 시작한다. 샐러리맨은 돈을 전혀 투자하지 않는다. 그 대신 자신의 시간을 회사에 투자해 돈으로 돌려받고 있다. 때문에 투자 효과가 나쁜 것이다.

회사에서 일하는 도중 게으름을 피우고 득을 본 것 같은 기분이 드는 이유는, 회사에 넘겨주는 시간을 자신의 것으로 사용했기 때문일 테다. 하지만 두 번 다시 돌아오지 않는 시간을 게으름에 투자하는 것은 실은 높은 리스크를 떠안는 셈이기도 하다. '시간의 유한함'을 얼마나 의식하느냐에 따라 샐러리맨으로 있는 것과 창업하는 것 중 어느 쪽의 리스크가 더 큰지 그 답은 달라진다. 복권을 사지 않았으니 절대로 당첨될 수 없는 것과 마찬가지로, 리스크를 떠안은 딱 그 정도밖에 보상받을 수 없다. 그것이 이 세계의 규칙이다.

시점을 바꿔보니 내가 '얼마나 리스크를 떠안지 않고 살아왔는가'를 알 수 있었다. 도쿄대나 고단샤를 선택한 것은, '좋다'고 말하는 것을 선택해 리스크를 줄이려고 했기 때문이다. 스스로 인생을 개척하지 않고 사회가 깔아놓은 발판 위에 올라가 있었던 것뿐이다.

자신이 무엇을 투자하고 어떤 리스크를 안고 있는가, 그것만 의식해도 세계를 보는 눈이 점점 달라진다.

우리는 1초마다 '결단'을 내리고 있다

회사를 그만두겠다는 결단을 커다란 일이라고 생각하는 사람이 있지만, 나는 그렇게 생각하지 않는다. 사람은 매초마다 결단을 내리는데, 많은 사람이 그것을 의식하고 있지 않아 대충 결정짓는 것처럼 보일 뿐이다. 이를테면 '회사를 그만두지 않는다'는 것은 '오늘은 이 회사에서 일한다'는 결단을 무의식중에 매일 내리고 있는 것이다.

『인베스타Z』라는 투자 만화를 편집하면서 의식적으로 결단을 내리는 것의 가치를 알게 되었다. 투자는 결단이기 때문이다. '매매하지 않는다'는 것 또한 실은 아무것도 하지 않기로 결정하는 일이다. 따라서 움직이지 않는다, 또는 결단을 내리지 않는다는 것은 '움직이지 말아야지', '결정하지 말아야지' 하는 '결단'을 내리고 있는 것이다.

회사를 그만두는 것도 커다란 결단을 내린 것처럼 보일지 모르겠지만 나의 경우에는 '오늘도 회사에 간다'고 매일같이 결단을 내리고 있던 도중 어느 날 '회사를 그만두자'는 선택지가 생겨나면서 그 힘이 나날이 커갔을 뿐이다. 그리고 어느 날, '회사에 간다'는 선택지보다도 '회사를 그만둔다'는 선택지가 더 힘을 갖게 되었다. '슬슬 스스로 발판을 깔고 걸어보자', '세상의 가치관이 아닌 자기 자신을 믿어봐도 괜찮지 않을까?' 생각하면서 코르크를 창업했다. 나는 결단이 빠르다는 말을 자주 듣는데, 그것은 날마다 내리는 결단을 의식하고 있기 때문이다.

사실 창업은 리스크가 그렇게 큰 것이 아니다.

최초의 인류는 식량을 찾는 것만으로도 큰일이었다. 목숨을 걸고 목숨을 지키느라 태어나면서 죽을 때까지 여유를 부릴 만한 틈이 없었다. 그러다가 산업혁명을 겪으면서 식량을 확보하는 데 목숨을 걸 필요가 줄어들었다. 상황은 점점 좋아져 생존의 걱정을 할 필요가 없어진 것이다.

현대인이 느끼는 공포나 불안은 '죽음을 향한 공포'가 아닌, 단순히 '노력하지 않고 현재 상태를 유지하고 싶다'는 생각에서 생겨난다. 그렇게 생각하면 현대사회에서는 리스크라고 생각할 만한 것이 거의 없다. 환경에 맞춰 계속 변화해야만 한다는 것은 유사 이래 지속되어온 대원칙이다.

또한, 행복한 삶의 정형定型 같은 것은 없다. 알랭 드 보통의 『행복론』에 공감했던 말이 있다.

"비관주의는 기분에 따른 것이며, 낙관주의는 의지에 따른 것이다. 기분에 맞춰 살고 있는 사람은 모두 슬픔에 사로잡힌다. 아니, 그것으로 끝나지 않는다. 이윽고 초조해하며 화를 낸다. 사실을 말하자면 좋은 기분은 애초에 존재하지 않는 것이다. 기분이라는 것은 정확히 말하자면 항상 나쁘다. 따라서 행복이란 모두 의지와 자기극복에 의한 것이다."

세상이 좋다고 생각하는 것을 손에 넣어도 행복은 잡을 수 없다. 세상이 더욱 신뢰하는 '돈'도 행복으로 가는 지름길이 아니다.

인생 최대의 리스크란 무엇인가? 돈을 잃는 것일까?

나는 죽을 때 '나는 인생을 잘못 살았다'고 생각하게 되는 삶을 사는 것이 최대의 리스크라고 생각한다. 나는 자신의 인생을, 스스로가 즐겁다고 생각하는 일에 투자하며 시간을 쓰고 싶다.

나에 대해서
나 자신은 잘 모른다

행복해지기 위해서는 자신이 즐겁다고 생각하는 일에 시간을 쓰는 것이 중요하다고 이야기했지만, 그럴 때 장애물로 등장하는 것이 '나는 무엇을 할 때 즐거운가'를 이해하느냐 하는 점이다.

자기 자신을 알고 있는 사람은 스스로를 즐겁게 하는 법, 인생을 즐기는 법을 알고 있어 행복하다. 그리고 자신을 즐겁게 하는 법을 알고 있는 사람은 다른 사람을 즐겁게 하는 법 또한 잘 안다.

따라서 앞 장에서 이야기한 '자신의 호불호를 이해'하는 것이 중요하다. 흔히 자기 자신을 이해하는 게 어렵다고 하는데 정말 그렇다. 상상하는 것보다 훨씬 어려운 일이다.

"발달장애가 있는 사람은, 스스로 배가 고픈지 아닌지 모른다"는 글이 있다. 자신이 공복인가 만복인가 하는 감각을 이해하지 못하기 때문에 식사하는 걸 잊거나 너무 많이 먹는다는 것이다.

오랜 시간 동안 굶으면 배가 너무 고파 기분이 몹시 안 좋아진다. 하지만 왜 기분이 나쁜지 이해하지 못한다. 이때의 해결법은 여섯 시간마다 알람을 설정해 자기의 감각을 믿지 않고 식사를 하면서 정신 상태를 유지하는 것이다.

발달장애를 가진 사람뿐만 아니라 우리에게도 이와 비슷한 일이 일어나고 있지 않은가? 막연하게 '배가 고프다'는 사실을 알지만 얼마나 고픈지는 모른다. 오늘은 기분이 몹시 안 좋았는데 알고 보니 잠을 자고 싶었을 뿐이었던 적도 있다. 무엇을 먹고 싶은가? 무엇을 하고 있을 때가 즐거운가? 어떤 옷을 입고 싶은가? 꿈은 무엇인가? …… 어떤가? 무엇 하나 명확하게 대답할 수 없지 않은가.

일상을 막연하게 보내고 있으면 마음속에 있는 작은 감정의 기복을 눈치채지 못한다. 내가 웨어러블 디바이스를 착용하고 데이터를 보면서 스스로의 상태를 점검하는 것도 '자신을 스스로 이해할 수 있다'고 확신하지 않아서다.

이야기를 만들어내는 데도 '나를 모른다'는 사실을 이해해두면 도움이 된다. 미타 노리후사와 『드래곤 사쿠라』기획에 관해 이야기하던 중이었다. 미타가 "학생 100명을 도쿄대에 합격시키는 학원물은 어떨까?" 하고 제안했다. 선배는 "굉장히 재미있을 것 같네요" 하고 이야기했지만 나는 반대했다. 미타는 고교 야구 만화 『구로깡』이라는 역작을 만들어낸 작가다. 나는 그것을 뛰어넘는 기획을 하고 싶었다. 생각해보면 고시엔(해마다 일본 전국 고교 야구가 열리는 구장으로 고교 야구의 상징과도 같은 곳 – 옮긴이)에 출장할 수 있는 사람 수보다 도쿄대에 입학하는 사람이 훨씬 많다. 고시엔에 출장하는 것이 더 어려운 일이다. 따라서 도쿄대에 도전하는 것은 별로 이야깃거리가 되지 않을 것이라 생각했다.

그래도 미타는 "고시엔보다 어떻게 간단할 수 있는지 설명해보게"라며 끈질기게 물었다. 나는 "도쿄대에 합격하려면 흔히들 입시 점수를 만점 가깝게 받아야 한다고 생각하지만 실은 100점 만점에 60점만 넘어도 합격할 수 있습니다. 문과 수학은 네 문제

중 한 문제도 풀지 못해도 두세 개 문제에서 반 정도 풀면 됩니다"라고 설명했다. 그랬더니 "엇, 정말 그런가!" 하며 매우 흥미롭다는 반응을 보였다.

나는 깜짝 놀라는 미타를 보면서 만화가니까 모를 뿐이지 세상 사람들은 그걸 알고 있으면서도 도쿄대에 도전하지 않는 것이라고 생각했다. 하지만 이야기를 더 나누다 보니 그런 것이 아니라 내가 '나 자신이 가지고 있는 정보의 가치를 알지 못했을 뿐'이라는 걸 알게 되었다.

미타의 부탁으로 여러 교육 관계자들을 취재하면서도 같은 사실을 깨달았다. 취재 시간은 대체로 한 시간 정도인데 취재 대상은 자신의 이야기가 작품에 쓰일지도 모른다는 생각에 도움이 될 만한 이야기나 자료를 잔뜩 준비해주었다. 하지만 아쉽게도 그렇게 준비된 이야기는 너무 특수해 독자들에게 설득력 있게 전달하기 힘들었고, 결국 만화에도 활용할 수 없었다.

정식 취재가 끝나고 대화가 끊어질 무렵 "너무 당연해서 말할 필요도 없다고 생각하는 게 있습니까?", "시시한 것이라도 괜찮으니 평소 학생들에게 자주 하는 이야기가 있습니까?" 하고 물어보면 그제야 재미있는 이야기가 나오기 시작했다. "그런 이야기, 다른 사람들은 전혀 모를 만한 것들인걸요" 하고 말하면 "네? 이런 건 상식인걸요" 하고 취재 대상이 깜짝 놀랐던 적이 자주 있다.

사실 내가 '재미있다'고 생각하는 이야기는 자기한테만 참신할 뿐이다. 내가 재미있다고 여겨도 세상이 잘 모르면 흥미를 유발하지 못한다. 내가 너무나 잘 알고 있어 뻔하다고 느끼는 것은 내 안에서 몇 번이고 생각을 거듭하며 숙성되었을 뿐이고, 세상 사람들이 볼 땐 '발견'일 경우가 많다.

매일 반복되는 일상 속에서 화려하진 않지만 보물이 될 만한 '지식이나 경험'을 우리 모두 갖고 있다. 하지만 스스로를 객관적으로 보지 못해 그 보물을 사용하지 못한다. 내가 지금까지 편집해온 경제경영서들은 모두 대필자가 있으며 저자가 전부 다 쓴 게 아니다.

운동선수나 경영자는 보물과도 같은 경험이 축적되어 있지만, 그것을 문장으로 옮기는 데는 프로가 아니다. 그런 역할은 전업 대필자에게 맡기는 편이 본인의 생각을 훨씬 더 잘 전할 수 있다. 미국에서는 '스피치 라이터'라고 불리며 존경받는 직종이지만, 일본에서는 '고스트 라이터'라고 불리며 별로 존재를 알리지 않고 있다.

나는 편집자로서 작가를 객관적으로 보고 조언하는 일을 하지만, 스스로를 객관적으로 보기란 불가능하다. 때문에 이 책도 출판사의 편집자가 작업해주고 있다. 2년 가까이 여러 지역을 돌며 진행한 나의 강연회에 와주었고, 몇 번이고 추가로 취재하며 대필자와 함께 구성과 내용을 제안했다. 그것을 내가 가필 수정하는 형태로 이 책이 만들어졌다.

가필을 하면서 '나라면 이 에피소드는 고르지 않았겠지' 하고 생각하는 부분이 많았다. 내가 직접 책을 썼다면 똑똑해 보이고 싶은 욕심에 딱딱한 내용이 돼서 일부 편집자들만 읽을 수 있는 책이 되어버렸을 것이다.

어쨌든 자신의 감각을 신뢰하지 않고, 객관적으로 보여주는 데이터나 조언을 해주는 사람을 옆에 두는 것이 중요하다.

다른 사람에게 거짓말을 하면 나에게도 거짓말을 하게 된다

'나는 무엇에 감동하는가?', '무엇을 시시하다고 느끼는가?' 사람들은 자신이 이런 것들을 잘 알고 있다고 생각한다. 때문에 스스로 감정을 의식적으로 관찰하는 버릇을 들이지 않으면 안 된다. 자기 자신을 잃지 않기 위한 요령으로 나는 무엇이든 솔직하게 이야기하려고 노력 중이다.

그 장소에서 논란을 일으키지 않으려고 다른 사람에게 듣기 좋은 말만 한다면 자기 자신에게도 좋은 말만 하게 된다. 장기적으로 보면 '본심을 입으로 이야기하지 않는 것'의 악영향은 매우 크다. 스스로에게 한 거짓말은 자신도 모르게 그것이 거짓말인지 정말인지도 헷갈린다. 자신을 위로하기 위해 한 말인데 현실과 구별하지 못하는 것이다. 무서운 일이 아닐 수 없다.

게다가 사람은 '나에게 관대한 생물'이다. 스스로에게 거짓말을 하고 있으면 점점 자신에게 관대해진다.

예를 들어 회사에서 상사가 낸 기획이 시시하다는 생각을 했다고 하자. 거기에서 조용히 있거나 "아, 재미있는데요" 하고 말하면 굉장히 편할 테고 나에겐 어떤 책임도 생기지 않을 것이다. 하지만 그것을 반복하고 있으면 내가 낸 기획에도 스스로 관대한 점수를 주게 된다.

혹독한 말을 듣고 싶은 사람은 아무도 없다. 하지만 성장하고 싶다면 나를 냉정하게 평가하는 것이 앞으로 내가 발전하는 데 어떤 영향을 끼칠지 생각해야 한다. 회의에서 "재미없어요"라고 말하면 "그럼 네가 한번 대안을 내보든가!" 하는 소리를 들을지도 모른다. 하지만 그렇게 스스로가 긴장할 수 있는 분위기를 만들지 않으면 점점 자기 자신을 잃어버리고 만다.

자신의 생각을 솔직하게 이야기하는 일은 인간관계를 망쳐버리는 '리스크'라고 믿는 사람도 많다. 하지만 타인에게 솔직하게 이야기하지 않고, 자신에게도 솔직하지 않는 것이야말로 가장 큰 '리스크'다. 눈, 코, 입과 뇌, 모두 '나를 위한 용도'와 '타인을 위한 용도'가 따로 있지 않다. 때문에 타인에 관해 생각하거나 이야기할 때 거짓말을 하면 자신에게도 거짓말을 하게 된다.

자신에게 거짓말을 하지 않음으로써 좋은 점은 하나 더 있다. '기억의 낭비'가 줄어든다. 그 장소의 분위기에 따라 상황을 맞추다 보면 내가 어디에서 무슨 이야기를 했는지를 기억해둬야 한다. 많은 안건을 동시에 진행하다 보면 자신이 어떤 기준으로 어떻게 판단했는지를 기억하는 게 몹시 힘든 작업이 되어버린다.

솔직함을 최우선으로 하다 보면 잊고 있던 안건이라도 거의 같은 결단에 이를 수 있다. 주변에 맞춰 자신에게 거짓말을 하고 있으면 전혀 반대되는 말을 하는 경우도 있어 판단이 흔들린다.

중요한 점을 한 가지 더 추가하겠다. '솔직하게 말한다'는 것은 '생각한 것을 감정에 맡겨 멋대로 말해도 된다'는 뜻이 아니다. 예를 들어 매우 좋아하는 작가의 작품이라도 재미없다고 느낄 때가 있다. 그럴 때 편집자로서 나는 어떻게 그 느낌을 작가에게 전할까.

먼저 '재미없다'는 것은 '시시하다'와는 의미가 다르다. 작가는 재미있다고 생각해 열심히 그렸을 것이다. 하지만 편집자인 내가 재미없다고 느꼈다면 작가가 자신의 머릿속을 있는 그대로 재현시키지 못했을 가능성이 크다.

때문에 "나는 재미있게 느끼지 못했지만, 그리면서 어떤 부분에서 가장 가슴이 뛰었습니까?" 하고 질문한다. 설명을 들으면 단순히 연출을 잘 못해서 의미가 전달되지 않았다는 것을 알 수 있으므로, 연출을 어떻게 하면 좋을까 서로 이야기하면 해결할 수 있다.

상대와 신뢰관계를 쌓으며, 같은 목표를 향해 함께 가고 있다는 점을 서로 확신한다면 정직한 감상은 상대가 자신을 객관적으로 볼 수 있게 도와주며, 상대 역시 고마움을 느낄 것이다.

존경하는 사람의 '품 속'으로 뛰어든다

나는 작가들 덕분에 성장했으며 여기까지 올 수 있었다. 미타 노리후사가 아버지 같고 안노 모요코가 누나 같으며 코야마 추야는 또래 형제 같다.

코야마가 『하루 점프』라는 작품이 잘 진척되지 않아 고민하고 있을 때, 조언해준 사람이 미타였다. 『하루 점프』 제1화에는 주인공 하루가 스키점프를 좋아하게 된 에피소드가 나온다. 그것을 읽은 미타가 "사람이 무언가를 좋아하는 이유는 설명하지 않는 편이 좋다"고 가르쳐줬다.

확실히, 현실에서 무언가를 좋아하게 됐을 때 그 이유를 설명할 수 있는 경우는 드물다. 설명할 수 없기 때문에 그것을 특별히 좋아한다. 그런데 이야기를 만들 때는 논리적인 이유가 없으면 좋아할 수 없다고 생각하기 십상이다. 좋아하는 이유를 설명하고 있으면, 그것을 납득할 수 없는 사람은 작품 속 이야기에서 멀어지고 재미있는 장면에 도달하기 전에 책을 덮어버리고 만다.

『우주형제』에서는 주인공인 뭇타와 히비토 형제가 우주비행사를 목표로 하는 이유를 그리고 있지만, 두 사람이 우주에 흥미를 가지게 된 이유는 그리지 않았다. 등장했을 때부터 우주를 좋아했고 '그저 좋아서 좋아한다'는 설정으로 그렸다.

미타 노리후사는, 편집자 1년차 시절 아무것도 모르는 내게 자유롭게 도전할 수 있도록 많은 실패를 허락해주었다. 코르크를 창업할 때도 처음에는 "어렵다"며 나를 말렸다. 하지만 나의 결심이 굳은 것을 알고 『드래곤 사쿠라』의 에이전트를 맡겨주었을 뿐 아니라 코르크를 돕겠다면서 신작인 『인베스타Z』의 주간 연재를 함께 시작해주었다. 이 작품은 코르크라는 회사가 단독으로 자유롭게 운용할 수 있는 첫 작품이 되었다. 둘이 있을 때에는 "회사를 경영하는 게 힘들지 않니?"라며 여러모로 걱정해주면서 심리적으로 매우 큰 힘을 실어주고 있다. 더할 수 없이 고마운 일이다.

『인베스타Z』를 중국에서 드라마로 만들겠다고 이야기했을 때도 미타가 "실패해도 좋으니 중국에서 한번 도전해봐"라며 등을 밀어주지 않았다면 결정하지 못했을 것이다.

자기보다 나이가 한참 더 많은 존경하는 사람과 일을 하면 더욱 성장할 수 있다. 눈앞의 이익부터 생각하지 말고, 존경하는 사람이 있다면 그 사람의 품 속으로 뛰어들기 바란다. 그것이 성장하면서 일을 즐길 수 있는 비결이다.

코야마는 나보다 한 살 위다. 처음 만났을 때 나는 편집자로서 아무런 성과를 내지 않은 상태였다. "서로 신인이니까 같이 열심히 해봅시다!"라고 다짐하며 시행착오를 함께 거친 사이다. 게다가 또래이기도 해서 상당히 많은 영향을 받았다. 창업도 코야마의 영향이 컸다.

『우주형제』의 연재가 결정되기 전, 코야마는 몇 번이고 첫 화를 다시 그려 왔지만 좀처럼 재미있는 내용이 만들어지지 않았다. 그러는 동안, 가족까지 있는 코야마에게 수입이 없었다. 다시 그려달라고 부탁하면서 나는 누군가에게 '재능이 있다!'고 말하는 것이 무서울 일이 될 수도 있다는 사실을 알게 됐다. 코야마는 정말로 연재를 시작할 수 있을까? 하는 불안도 있었다.

『우주형제』가 성공하면서 코야마에게 "연재를 시작하기 전에 두렵지 않았나요?"라고 물었더니 이렇게 대답했다. "재미있는 만화를 그리면 반드시 연재해주리라 믿었어요. 때문에 내가 노력하면 된다는 생각에 두렵지 않았습니다. 그보다는 직장생활을 할 때 만화를 그리지 못한 채 나이를 먹은 내 모습을 상상하는 편이 더 무서웠죠."

내가 노력하면 상황은 바뀔 수 있다. 코야마의 사고방식이 진심으로 멋있었다. 코야마는 매 화, 원고를 그릴 때마다 지금까지 없었던 도전을 하려고 한다. 전보다 조금이라도 더 좋은 작품을 만들려는 노력을 멈추지 않는다. 『우주형제』 애니메이션 영화에서는 각본을 쓰는 등 새로운 분야에도 지치지 않고 도전한다. 이대로 평범하게 나이를 먹어간다면, 코야마와 차이가 벌어지겠지. 나도 열심히 해야 한다는 초조함이 나를 여기까지 달려오게 만들었다.

최강의 업무 기술은
좋아하는 것을 일로 하는 것

코야마 추야는 정말 언제나 만화만 생각한다. 『우주형제』 연재가 시작된 뒤부터 거의 쉬지 못했다. 그러면 정신력이 약해지지 않을까 걱정되어 일 때문에 가족과 여유롭게 시간을 보낼 수 없어 힘들지 않느냐고 물어본 적이 있다. 그랬더니 코야마는 "가족들에게 '일해야 하니까 어쩔 수 없는 거야'라는 말을 하고 싶지 않아요. 나에게는 만화와 마주하고 있는 시간이 가장 즐겁게 놀 수 있는 시간이라, 일이라고 생각하지 않거든요. 오히려 줄곧 놀고 있는 기분이라 미안할 따름이죠."라고 대답했다. 그 말을 듣고 '좋아하는 것을 일로 하는 것'이 얼마나 강력한 것인지 느낄 수 있었다.

작가뿐 아니라 어떤 일을 선택할 때에도 마찬가지다. 좋아하는 일을 할까, 좋아하는 일은 아니지만 좋다고 믿으면서 할까. 그 최초의 선택으로 결과는 하늘과 땅 차이가 된다.

나의 강점은 무엇일까? 나를 알고 있는 사람은 논리적 사고나 행동력이라고 생각하는 사람이 많은 듯하다. 하지만 나는 좋아하는 일을 발견하고, 좋아하는 사람들과 일을 하는 것이 가장 강점이라고 생각한다. 에이전트라는 일도 논리적으로 생각한 끝에 발견해낸 것이 아니다. 나는 안노 모요코라는 작가를 매우 좋아한다. 그런데 그녀가 몇 년이나 작품을 발표하지 못하고 있었고, 그런 작가를 응원할 수 있는 구조는 에이전트밖에는 없다고 생각했다. 그리고 수요가 있으면 일로도 성립할 수 있다고 생각했다.

나는 이야기를 좋아한다. 이야기의 세계에 몰입하다 문득 책에서 고개를 들고 주변을 둘러보면, 세계가 다르게 보인다. 그 순간이 정말 즐겁다. 하지만 아쉽게도 나에게는 이야기를 만들어낼 힘이 없다. 때문에 작가들이 자유롭게 이야기를 만들 수 있는 환경이 사라질 때 그 환경을 만들어내려고 하는 것은, 나에게는 매우 자연스러운 일이다.

나는 코르크의 일을 하면서 힘들다는 생각을 하지 않는다. 줄곧 놀고 있다는 느낌이다. '왜 계속해서 새로운 일을 만드는가?'와 같은 질문을 받을 때가 있다. 하지만 힘을 아껴가면서 노는 사람은 별로 없을 것이다. 재미있을 것 같으니까 하는 것이다. 그렇게 단순한 감각으로 일하고 있다.

물론 쉽지 않은 일도 많다. 하지만 즐거운 미래가 기다리고 있다고 생각하면 잘 이겨낼 수 있다.

그래도 괴롭다고 생각할 때에는 어떻게 하면 좋을까. 그 대처법은 '싫은 일도 어쨌든 바로 해버린다'는 것이다.

회사원 시절 내가 통화하는 모습을 지켜보던 옆자리 선배가 "사도시마는 싫어하는 일부터 순서대로 전화를 거네"라고 말한 적이 있다. 확실히 나는 회사에 출근하면 걸기 싫은 전화나 처리하기 싫은 메일부터 처리한다. 문제가 있는 사람과의 전화나 메일은 아무리 늦어도 24시간 안에 처리한다. 문제가 생길 것 같으면 바로 전화로 대응한다. 너무 바빠서 그날 처리하지 못하면 다음 날 아침에는 처리한다.

껄끄러운 안건은 전부 바로 처리해버린다. '어떤 식으로 이야기할까?', '이걸 거절하면 어떡하지?' 하고 고민하는 시간이 쓸데

없기 때문이다. 종종 하기 쉬운 일부터 손을 대기 시작하는 사람이 있는데, 그런 방법이라면 무거운 마음이 계속 남아 있다. 그러면 그 일이 점점 더 싫어져 다른 일이 손에 잡히지 않는다. 기획을 중지하거나 거절하거나, 전에 했던 말을 번복해야 하는 등 어떻게 말을 꺼내야 할지 고민스러운 안건일수록 최대한 빨리 처리하도록 하자. 미루면 상황이 더 나빠지는 일은 있어도 좋아지는 경우는 거의 없다.

성가신 안건을 다 정리하면 즐거운 일들만 남는다. 그러면 가벼운 마음으로 자연스럽게 일에 집중할 수 있다. '자연스럽게 일할 수 있는 구조'를 스스로 만드는 것이다. 그런 상황이 만들어지면 일을 일로 생각하지 않게 된다. 항상 나에게는 하고 싶은 일밖에 없는 상태로 만들면 하루하루가 가뿐해진다.

코르크가 크게 성공하면 엔터테인먼트 산업을 변화시킬 수 있다고 나는 믿고 있다. 그 정도로 큰일을 이루어내고 싶다는 생각도 하고 있다. 하지만 내가 '사명감'을 가지고 있는 것은 전혀 아니다. 창업할 때 어떤 작가에게 "코르크가 하는 일이 올바른 것이라고 생각합니다. 응원을 부탁합니다"라는 메일을 보냈더니 "코르크가 하는 일이 올바른지 어떤지는 모르겠습니다. 응원하고 싶으니까 응원하는 겁니다"라는 취지의 답장을 받았다. 그 메일로 인해 자신이 '올바르다'고 주장하며 협력을 청하는 행위가 오만과 위선이 될 수 있음을 깨달았다. 무엇이 올바른 것인가는 처지에 따라 달라진다. 올바름을 주장하는 것은 편해지고 싶은 마음 때문이다.

'사명감' 역시 '자기만족'이다. 사명감이 있으면 중요한 일을 하는 것처럼 느껴져 자기 혼자 멋대로 흥분하며 즐거워한다. 이런 '즐거움'은 자아도취일 뿐이다. 나는 회사라는 구조를 만들어 인생을 최고로 즐기자고 생각하고 있다. 내가 '좋아하는 것'을 철저하게 추구하고 싶다. 끝없이 제멋대로인 채로 내가 즐거울 수 있는 길을 추구하고 싶다. 자기중심적인 생각 같지만 사람은 혼자만 행복해질 수 없다. 아무리 올바른 행위를 하고 있어도 혼자서는 허무함에 사로잡힐 뿐이다.

머리말에 인용한 독일 시인 실러의 시구 "우정은 기쁨을 두 배로 만들고, 슬픔은 반으로 줄인다"는 내가 하는 행동의 취지와 같다. 내가 최고로 즐거우려면 주변을 즐겁게 만들어야 한다. '나만 즐거운' 것을 철저히 추구한다면 결국에는 '이타利他'의 벽 앞에 가로막힐 것이다.

때문에 나는 사명감을 중시하지 않으며 오히려 스스로가 즐겁게 일하다 보면 '결과적'으로 사명을 다하는 일로 이어진다고 생각한다.

지금 시대를 이해하려고 할 때 마크 트웨인의 『톰 소여의 모험』에 나오는 에피소드를 몇 번이고 떠올린다.

벌로 페인트칠을 하게 된 톰 소여를 위로하기 위해 친구가 찾아온다. 하지만 톰이 즐겁게 페인트칠을 하는 모습을 보고 자기도 페인트를 칠하게 해달라고 말한다. 톰은 친구에게 그 일을 시켜주지 않는다. 그러자 페인트칠을 하고 싶어 도저히 참지 못하게 된 친구는 자신의 보물을 톰에게 주면서 페인트칠을 떠맡는다.

일과 놀이의 경계가 점점 모호해지고 있다. 돈을 내는 것인지 받는 것인지도 애매하다. 미디어에게서 작품을 의뢰받으면 제작비를 받을 수 있지만, 미디어에 게재해달라고 의뢰하면 광고비를 내야 한다. 완전히 같은 행위를 하는데 돈의 흐름이 정반대다. 누가 무엇에 돈을 지불하는가는 절대적인 것이 아닌, 사회적 관습에 지나지 않는다.

'리얼 탈출 게임'(한 가지 테마로 꾸며진 방에 일정 인원의 사람들을 가두고, 정해진 시간 안에 방 안에 남겨진 단서들을 모아 추리해 탈출하는 게임 – 옮긴이)을 만든 SCRAP와 『우주형제』 이벤트를 했을 때의 일이었다. 일 때문에 정신없을 고단샤 후배가 봉사활동 스태프로 와 있는 것을 봤다. 이야기를 들어보니 재미있어서 주말에는 봉사활동을 하고 있다고 했다. 그에게는 산이나 바다에 놀러 가거나 콘서트에 가는 것과 마찬가지로 어떤 회사의 일을 돕는 것이 가장 즐거운 '놀이'였던 것이다.

『드래곤 사쿠라』의 연재가 끝난 후 『16세의 교과서』라는 책을 출판했다. 수학이나 영어 등 최고의 전문가에게 최고의 수업을 받아보자는 기획을 바탕으로 한 책이었다. '학교 공부가 대체 뭐가 재미있다는 건지 알 수 없다'고 생각하며 공부해온 사람들이 대부분일 것이라 생각하지만 최고의 경지에 오른 전문가는 싫은 것을 참으면서 그 길을 걸어오지 않았다. 최고로 즐겁기 때문에 그것을 평생의 직업으로 삼아야겠다고 생각한 것이다.

취재를 하면서 모든 교과목이 어찌나 재미있는지 다시 한 번 공부를 하고 싶다는 생각이 들었다. 굉장히 즐거운 듯 수학이나 영어 등의 과목에 관해 이야기하는 선생님들을 보며 이런 선생님들에게 배웠다면 공부를 더욱 좋아했을 것 같다고 생각했다. 톰 소여와 마찬가지다. 즐거워 보이는 사람이 있으면, 그 즐거움이 전염되어 자연스레 관심을 갖게 된다.

나에게 편집자라는 일은 최고의 놀이다.

얼마 전, 휴일에 안노 모요코의 이벤트를 개최했다. 그날은 아내도 집을 비워 "베이비 시터에게 아이들을 맡기고 왔어요"라는 이야기를 안노와 잡담 중에 나눈 적이 있다. 그랬더니 안노가 우리 아들들이 엄마 아빠가 없는 시간을 즐겁게 보낼 수 있도록 『오치비 상과 집 잘 보는 아이들의 나라』라는 그림책을 그 자리에서 만들어주었다. 나에게는 기적이 일어난 것만 같은 기분이었다! 나 자신의 이야기가 작가의 영감을 자극해 영원히 읽을 수 있는 하나의 작품으로 만들어진 것이다. 작가와 함께 일을 하다 보면 이런 기적이 종종 일어난다.

나는 코르크라는 회사를 통해 내가 즐겁다고 느끼는 것을 직원들과 공유하고 싶다. 그러면 나의 즐거움은 두 배, 세 배로 늘어날 것이기 때문이다. 그리고 코르크라는 회사가 즐기는 것을 세상과 공유해가고 싶다. 그렇게 할 수 있다면 그 즐거움은 더욱 더 커질 것이다.

세상을 바꾸는 '첫 번째 도미노'는 어디에 있을까?

마법 같은 한 수는 어디에도 없다. 누구도 찾아내지 못한, 편히 성공할 수 있는 비법이란 아무리 논리적으로 생각해도, 아무리 미래를 예측할 수 있다고 해도 발견할 수 없을 것이다. 첫 번째 도미노는 '기본'이라고 이야기했지만, 실은 그것보다도 중요한 것이 있다.

첫 번째 도미노, 그것은 '단 한 사람의 열광'이다.

무언가에 열광하는 사람이 가설을 세우는 것, 그것이 바로 두 번째 도미노다. 세 번째 도미노는 더 이상 혼자서는 쓰러뜨릴 수 없다. 열광하는 사람의 주변에 모인 사람들이 쓰러뜨려야 한다.

그렇게 해서 드디어, 우리의 가설이 세상을 만든다.

첫 번째 도미노, 그것은 '단 한 사람의 열광'
이다.
무언가에 열광하는 사람이 가설을 세우는
것, 그것이 바로 두 번째 도미노다. 세 번째
도미노는 더 이상 혼자서는 쓰러뜨릴 수 없
다. 열광하는 사람의 주변에 모인 사람들이
쓰러뜨려야 한다.

가설을 실현할 모험에 나서자

고교 시절 동급생 중 취직도 하지 않고 갑자기 벤처기업을 세운 친구가 있었다. 주변 동기들은 안정을 지향하는 사람들이 많아 의사가 되거나 변호사가 되거나 관료가 되거나 대기업에 취직했다. 물론 나도 그중 한 사람이었다.

대부분의 사람들이 이미 마련된 레일 위에 올라타는 가운데 그는 이색적인 존재였다.

그는 "앞으로는 셰어하우스가 성황을 맞을 거야"라는 가설을 기초로, 셰어하우스 중개 사이트를 시작했다. 당시에 셰어하우스란 것을 아는 사람은 아무도 없었다. 기숙사에서 함께 사는 경우는 있어도 사적으로 셰어하우스를 경영하는 사람은 아무도 없었다. 주변에서도 "그런 일이 제대로 될 리가 있냐"고 이야기했고, 실제로도 잘되지 않아 한동안 고생했다. 그런데도 포기하지 않고 계속 그 일을 계속하다 보니, 조금씩 비즈니스가 궤도에 오르기 시작했다.

"드디어 잘되기 시작하는걸! 셰어하우스가 점점 더 많아질 거야!"

그런 이야기를 고교 동창들이 모인 술자리에서 들은 뒤 몇 개월이 지나 친구가 갑자기 쓰러졌다. 역 계단에서 정신을 잃어 그대로 구급차에 실려갔다. 그의 폐에는 물이 차 있었다고 한다. 그때까지 생활해온 것이 신기할 정도라고 의사는 이야기 했다.

친구는 암에 걸려 있었다.

고교 시절, 그 친구와 특별히 친했던 것은 아니다. 단지, 모두 함께 병문안을 갔을 때 그 친구가 『우주형제』를 좋아한다는 사실을 알게 되었다. 힘이 들 때 『우주형제』를 읽으면 용기가 났다고 했다. 그 후부터는 신간이 나올 때마다 병실에 가지고 갔고 친구와 점점 더 가까워졌다.

치료 부작용으로 머리카락이 점점 빠졌고, 눈썹도 없어졌다. 그래도 괴로운 치료를 이겨내며 드디어 퇴원하게 됐다.

"조금만 더 힘내서, 곧 다시 일을 시작해야지."

그런 생각을 할 때 암이 재발했다. 친구는 그래도 마음을 굳게 먹고 다시 항암 치료를 견뎌냈다. 순조롭게 회복해가면서 처음에는 집에서 역까지도 걷지 못했던 그의 상태가 함께 밥을 먹고, 골프를 칠 정도로 좋아졌다. 의사도 '거의 완치됐다'는 말을 해서 모두 함께 축하하기도 했다.

"자, 그럼 다시 일을 시작해야지!"라고 생각했을 때 두 번째로 암이 재발했다. 그 후 눈 깜짝할 사이에 병이 악화되어 홀연히 세상을 떠나버렸다.

그의 나이 서른 살이었다.

친구는 어떻게든 살고 싶어했다. 죽음을 받아들이지 않았고, 분한 마음을 가지고 있었다. 그가 바랐던 것은 그저 '살아남는 것'이 아니었다. 마지막으로 병실에서 나눴던 이야기가 지금도 생생하다.

"일하고 싶다." 나는 그 말을 들으며 조용히 숨을 삼켰다.

나는 친구가 그렇게도 하고 싶어했던 '일'을 어떤 마음으로 하고 있을까?

장례식에 참석하며, 일이라는 것에 대해 나 스스로에게 질문했다. 그리고 그가 아무리 소원해도 손에 잡을 수 없었던 '일을 하는'

기회를 가질 수 있으니, 더욱 즐겁게 일해야 한다!고 생각했다.

그보다 더 귀중한 것은 시간이다. 시간은 유한한데, 나는 그것을 별생각 없이 낭비하고 있었다. 그 유한함을 깨닫고 나서는 잠시도 여유를 부릴 수 없었다.

즐거운 일이란, 힘들지 않은 것과는 다르다.

내가 담당한 『드래곤 사쿠라』도 『우주형제』도 좀처럼 잘 팔리지 않아 많은 고생을 했다. 하지만 그 고생조차도 즐거웠다.

타협하지 않고 노력할 때는 즐겁다.

한편으로, 조직의 논리 때문에 포기해야만 할 때는 아무리 편한 것이라도 즐겁지 않았다.

회사라는 조직에서 일하고 있으면, 동료들 모두 내가 하는 업무 방식을 이해해주며 협력적이었기 때문에 편했다. 보호받으며 일할 수 있어서 작품에 관한 생각만 하면 됐다.

하지만 그 편안함과 맞바꿔, 역시 몇 번인가 타협하지 않으면 안 되는 일이 있었다. 나는 '내가 좀 더 높은 사람이 되면 바꿔야지', '좀 더 참으면 바꿀 수 있을 거야' 하고 생각하며 현재를 완전히 즐기지 못하고 일해왔다.

친구가 죽음을 맞는 그 순간까지 '하고 싶다!'고 말했던 일을, 참으면서 하고 있었다. 그것은 일을 모욕하는 것이 아닐까 생각했다.

창업한 지 3년.

회사원 시절에는 하지 않아도 좋았을 일을 많이 하고 있다. 지금이 '편한 것'은 아니다. 하지만 일을 할 때는 무엇과도 타협할 필요가 없다. 그래서 즐거운 것이다.

셰어하우스는, 친구가 죽은 후 붐이 일어 지금은 무척 대중적이다. 그의 '가설'이 그가 미처 눈으로 확인하지 못한 세상을 만든 것이다.

내가 하는 편집이라는 일은 작가가 '영혼의 양식'을 만들어낼 때 그것을 지지하고 지원하는 것이다. 아무리 물질적으로 풍부해져도 마음에는 '양식'이 필요하다. 이솝 우화 중 「북풍과 태양」이라는 이야기가 있다. 나그네의 옷을 벗긴 것은 북풍이 아닌 태양이었다.

세상을 변화시키는 것은 구조가 아닌 사람의 마음. 이야기를 만드는 것은 그 마음을 풍부하게 하기 위한 작업이다. 따라서 좋은 이야기를 만들면 태양처럼 사회를 서서히 변화시킬 수 있다. 멀리 돌아가는 것 같지만, 실은 그것이 세상을 바꾸는 지름길이라고 나는 믿는다.

나의 이런 열광하는 마음이 이 책을 통해 여러분에게 전달되었을까?

마지막으로 한마디.

가설을 실현하기 위해, 함께할 동료를 찾고 있다.

사도시마 요헤이

옮긴이 **이혜령**

문예창작과 일본학을 전공했다. 월간지의 편집 및 취재기자로 일한 후 2006년 일본 유학길에 올랐다. 귀국
후 한국의 출판사에 근무하면서 단행본 편집, 해외 저작권 관리, 번역출판 기획자로 활동했다. 2011년 미국
으로 유학을 떠났고, 2013년 다시 일본으로 건너가 ㈜ 코르크 에이전시에 합류해 함께 해외진출 사업을 시
작했다. 2014년 귀국한 뒤로 현재까지 한국을 거점으로 코르크의 해외업무를 대행하고 있다. 프리랜서 번
역가, 저작권 관리 및 콘텐츠 기획자로 활동 중이다.
옮긴 책으로 『토마토야 친구할래?』, 『빛의 용』, 『메모의 기적』, 『인생이 지칠 때 떠나는 스페인 순례(가제)』
등이 있다.

KI신서 6408

당신의 가설이 세상을 바꾼다

1판 1쇄 인쇄 2016년 7월 20일
1판 1쇄 발행 2016년 7월 25일

지은이 사도시마 요헤이
옮긴이 이혜령
펴낸이 김영곤
해외사업본부장 긴자와 다카히로
정보개발팀 이남경 김은찬
제작팀장 이영민 **홍보팀장** 이혜연
출판영업팀 이경희 정병철 이은혜 권오권
출판마케팅팀 안형태 김홍선 최성환 백세희 조윤정

펴낸곳 (주)북이십일 21세기북스
출판등록 2000년 5월 6일 제10-1965호
주소 (우 10881) 경기도 파주시 회동길 201 (문발동)
대표전화 031-955-2100 **팩스** 031-955-2151 **이메일** book21@book21.co.kr

(주)북이십일 경계를 허무는 콘텐츠 리더
21세기북스 채널에서 도서 정보와 다양한 영상자료, 이벤트를 만나세요!
북이십일과 함께하는 팟캐스트 '[북팟21] 이게 뭐라고'
페이스북 facebook.com/21cbooks   블로그 b.book21.com
인스타그램 instagram.com/21cbooks   홈페이지 www.book21.com

ISBN 978-89-509-6355-2 03190
책값은 뒤표지에 있습니다.